河海大学法学青年文库

《中华人民共和国医师法》理解与适用

ZHONGHUA RENMIN
GONGHEGUO YISHIFA
LIJIE YU SHIYONG

王启辉 —— 著

中国政法大学出版社

2022·北京

图书在版编目（ＣＩＰ）数据

《中华人民共和国医师法》理解与适用/王启辉著.—北京:中国政法大学出版社, 2022.4

ISBN 978-7-5764-0420-3

Ⅰ.①中… Ⅱ.①王… Ⅲ.①医师－医药卫生管理－法规－法律解释－中国②医师－医药卫生管理－法规－法律适用－中国 Ⅳ.①D922.165

中国版本图书馆 CIP 数据核字(2022)第 063245 号

出　版　者　　中国政法大学出版社

地　　　址　　北京市海淀区西土城路 25 号

邮寄地址　　　北京 100088 信箱 8034 分箱　 邮编 100088

网　　　址　　http://www.cuplpress.com (网络实名：中国政法大学出版社)

电　　　话　　010-58908586(编辑部) 58908334(邮购部)

编辑邮箱　　　zhengfadch@126.com

承　　　印　　固安华明印业有限公司

开　　　本　　880mm×1230mm　 1/32

印　　　张　　5.5

字　　　数　　180 千字

版　　　次　　2022 年 4 月第 1 版

印　　　次　　2022 年 4 月第 1 次印刷

定　　　价　　49.00 元

本书是司法部法治建设与法学理论研究部级科研项目"基于公共卫生安全的家庭医生法律制度研究"（项目号20SFB4023）、江苏省卫生法学会基金课题"医疗执业法治体系研究"（项目号21ZD01）的阶段性成果。

总 序
GENERAL ORDER

　　河海大学的法学教育始于 1988 年。经过三十余载的努力，法学院已拥有较为完整并颇具特色的学科体系。设有法学本科专业、法学硕士学位一级学科授权点、法律社会学二级学科博士学位授权点。在健全的学科体系和浓厚的学术氛围中，法学院青年骨干教师谨怀"崇法明理、尚德致公"之院训，着眼社会发展、法治建设和民族复兴，上下求索，扎实研究，以研促教，寓教于研。在法学理论、宪法学与行政法学、民商法学、经济法学、环境与资源保护法学和国际法学等领域广泛开展教学和研究，取得有一定显示度和影响力的系列学术成果，引领带动学科发展和学术创新。

　　"河海大学法学青年文库"是法学院青年教师在科研项目中形成的研究成果与理论创新之丛书集成。我们希望"河海大学法学青年文库"能够成为理论研究持续创新、青年教师快速成长的园地，成为河海大学法学青年教师研究成果的展示窗口。要使如此构想成为现实，除得力于中国政法大学出版社的帮助，更有赖学界同仁提携和鼎力相助。

千金之裘，非一狐之腋；清泉潺潺，端赖源头活水。区区微衷，尚请贤明鉴之。

是为序！

陈广华

河海大学法学院 教授 博士生导师

二〇二一年九月

序
PREFACE

　　《中华人民共和国医师法》（以下简称《医师法》[1]）已经 2021 年 8 月 20 日第十三届全国人民代表大会常务委员会第三十次会议通过，自 2022 年 3 月 1 日起施行。这是自 1949 年以来，我国颁行的第三部"医师职业法"，是我国医药卫生法体系建设的重要成果，更是我国医疗卫生事业发展成就的法治写照。《医师法》既有对《执业医师法》的传承，更有在比较借鉴域外法例、总结本国实践有益经验基础上的制度创新。

　　本书旨在系统评价《医师法》，促进"读者"对《医师法》的正确理解与适用，进一步推动医师职业法治的健全和完善。本书名为《〈中华人民共和国医师法〉理解与适用》，实为《〈中华人民共和国医师法〉评注》，既有"注"更有"评"，其读者既包括卫生健康行政机关的工作人员，医疗卫生机构的医务人员，也包括立法参与者、医药卫生法学研究人员。

----

　　[1] 为论述方便，文中所涉及中国法律、法规，统一省略"中华人民共和国"字样，下不赘述。

作者长期从事医药卫生法律实践和医药卫生法学研究，沟通于医药卫生法领域的实践和学术、法律和理论，这对本书的写作奠定了良好的基础。本书严格遵循了法律文本的既有体例，且书中评注既体现了作者对医药卫生法律实践的深刻理解，也体现了作者对医药卫生法学的深度认识，尤其是对《医师法》有待进一步健全完善的内容值得立法者和学界重视。

本书是作者自《民国时期医师法研究》之后的第二部医疗卫生人员职业法研究成果。作者的学术规划还包括"护士法""药师法""医疗卫生机构管理法""药械法"等系列项目，希望作者厚积薄发，继续为医药卫生法学研究和医药卫生法治建设贡献学术力量。

是为序。

宋辉于龙蟠汇

江苏新高的律师事务所

2021 年 9 月 12 日

前　言
FOREWORDS

医师是发展医疗卫生事业的关键专业技术人才之一，是人民健康的忠实守护者。医师法是医疗执业法治体系的重要内容。一部好的医师"职业法"，应该是一部医师权益保障法，更应该是患者权益保障法，此即医师职业法的使命。自 1949 年以来，我国有三次针对医师的相关立法：1951 年，政务院颁布了《医师暂行条例》《中医师暂行条例》《牙医师暂行条例》，当时"全国得到正式开业执照的西医约一万八千人，中医总数约为五十万人，大多无开业执照"。[1] 1998 年 6 月 26 日颁布《执业医师法》的首要使命是"加强医师队伍的建设"。据 1997 年统计，当时全国有各类医师共计 150.5 万人。[2] 截至 2020 年末，全国医师已经发展至 408.6 万人。[3] 自《执业医

[1]　冯彩章、李葆定：《贺诚传》，解放军出版社 1984 年版，第 146~147 页。
[2]　全国人大常委会法工委国家法室、卫生部政策法规司、卫生部医政司编：《〈中华人民共和国执业医师法〉释解》，中国民主制出版社 1998 年版，第 158 页。
[3]　《2020 年我国卫生健康事业发展统计公报》，载 http://www.nhc.gov.cn/guihuaxxs/s10743/202107/af8a9c98453c4d9593e07895ae0493c8.shtml，访问日期：2021 年 8 月 28 日。

师法》于 1999 年 5 月 1 日施行以来，我国经济社会快速发展，医药卫生事业改革不断深入推进，医师队伍建设与医师职业保障出现了许多新情况、新问题：医师执业管理有待加强；医师职责和权利义务需要进一步明确；医师教育培养制度不够健全；实践探索总结了有益经验，有必要修订法律。

最终，以"保障医师合法权益，规范医师执业行为，加强医师队伍建设，保护人民健康，推进健康中国建设"为目的的《中华人民共和国医师法》于 2021 年 8 月 20 日第十三届全国人民代表大会常务委员会第三十次会议通过，自 2022 年 3 月 1 日起施行。立法资料显示，《医师法》的制定坚持人民至上、生命至上，努力为实施"健康中国"战略提供有效法律支撑和保障，坚持问题导向，强基层、补短板、堵漏洞，遵循医师培养成长规律，使医师队伍符合时代要求，体现尊重关爱医务工作者，强化保障机制，推动营造尊医重卫的良好氛围。本法共七章，67 条，主要内容如下：

第一章为"总则"。主要规定：本法的立法目的；"医师"职业法律概念；本法的立法宗旨；国家各行政机关医师管理工作职责；中国医师节，医师表彰奖励制度，政府推动全社会尊医重卫的职责；医师医学专业技术职称制度；医师依法结社的权利以及行业组织的职责。

第二章为"考试和注册"。主要规定：医师资格考试制度；参加执业医师资格考试的资格；参加执业助理医师资格考试的资格；非学历型中医医师资格考试考核制度；取得医师资格的条件；医师执业注册（许可）制度；执业地点、执业类别、执业范围制度；医师多机构执业规则；不予注册的法定事由；注销注册的法定事由；变更注册；重新执业；医师个体行医；准予注册和注销注册的公告和信息查询制度。

第三章为"执业规则"。主要规定：医师职业权利；医师职业义务；医师亲诊义务；医师说明义务、取得患者方同意的义务及患者方授权规则；医师开展医学临床研究规范；医师紧急救治义务、紧急干预权；医师使用药品、消毒药剂、医疗器械、诊疗方法要求；医师用药原则、规范，说明书外用药规范；远程医疗服务、远程医疗合作；医师执业廉洁纪律；医师受调遣义务；医师对特定事项报告义务；执业助理医师特殊执业规则；医学生、医学毕业生参与临床诊疗活动规则；医师医德医风教育和医疗卫生机构对医师管理的要求。

第四章为"培训和考核"。主要规定：医师培养、医学教育体系；医师规范化培训制度；医师继续教育政府职责；医师继续教育医疗卫生机构、行业组织职责；医师定向培养、委托培训；医师定期考核制度；医师定期考核工作的指导、检查和监督机关。

第五章为"保障措施"。主要规定：国家建立健全医师人事、薪酬、职称、奖励制度；疾病预防控制体系的医师培养和使用机制，公共卫生与临床医学相结合的人才培养机制，医防结合体制机制和中西医协同防治体制机制；统筹城乡资源加强基层医疗卫生队伍和服务能力建设；"卫生支基""卫生支边"与职称晋升挂钩机制；医师在村医疗卫生机构执业鼓励机制；政府制定乡村医生学历提升及参加医生资格考试鼓励制度，采取措施提高乡村医生医学技术能力和水平，完善乡村医生的服务收入多渠道补助机制和养老等政策的法定职责；表彰奖励制度；医师执业环境、执业安全、人格尊严、人身安全保障的规定；医师职业安全防护、享受工伤保险待遇；医疗卫生机构合理用工、落实带薪休假制度，定期开展健康检查；医疗风险分担机制；新闻媒体责任。

第六章为"法律责任"。主要规定：医师资格考试违纪、以不正当手段取得医师资格证书或者医师执业证书，伪造、变造、买卖、出租、出借医师执业证书的行政责任；医师执业过失的行政责任；医师故意行为的行政责任；未按注册的执业地点、执业类别、执业范围执业的行政责任；严重违反医师职业道德、医学伦理规范造成恶劣社会影响的行政责任；非医师行医的行政责任；对医师实施构成违反治安管理行为的行政处罚；医疗卫生机构未履行报告职责造成严重后果的行政责任；对行政部门及其工作人员、医疗卫生机构工作人员弄虚作假、滥用职权、玩忽职守、徇私舞弊的处分责任；本法关于刑事责任、民事责任的引致性规范。

第七章为"附则"。主要规定：中等专业学校相关医学专业学历人员的过渡期；授权国务院、中央军事委员会制定具体办法；授权国务院卫生健康主管部门制定境外人员参加医师资格考试、申请注册、执业或者从事临床示教、临床研究、临床学术交流等活动的具体管理办法；本法时间效力规范。

学术的主要任务应在于批评。若一定要为《医师法》给予肯定性评价，则可以认为本法呈现的总体特征有：系统性、创新性和实践性。所谓本法的系统性，在于通过规制医学教育、资格考试、执业许可、执业规则、人事薪酬职称奖励，将法治贯穿于医师培养与成长、准入与退出的全过程，保障医师职业的法治化。所谓本法的创新性，在于通过确认中西医互学、中西医诊疗方法互用，贯通中西医学，促进中国现代医学统（同）一化。所谓本法的实践性，在于将执业地点扩展、执业范围附条件增设、说明书外用药规范、医防协同等成熟实践经验上升为法律，贯彻从实际出发的科学立法原则。

　　立法作业已经完成，目前的主要任务是如何贯彻实施。笔者始终关注本次立法但并未实际参与，难以揣测立法原意。本书无意于称赞本次立法成果，而在于以"读者"的身份通过对法条的逐条评注，促进对本法的理解和正确适用，促进立法者制定配套性法律规范，进一步健全医师职业法律制度。

　　笔者致力于医疗执业法治体系研究，规划后期进一步系统研究，最终形成《中华人民共和国护士法（草案学者建议稿）及立法理由书》《中华人民共和国药师法（草案学者建议稿）及立法理由书》《中华人民共和国医疗卫生机构管理法（草案学者建议稿）及立法理由书》等。

目 录
CONTENTS

总 则

【本章提要】

本章共 7 条，主要规定：①本法的立法目的；②"医师"职业法律概念；③本法的立法宗旨；④国家各行政机关医师管理工作职责；⑤中国医师节，医师表彰奖励制度，政府推动全社会尊医重卫的职责；⑥医师医学专业技术职称制度；⑦医师依法结社的权利以及行业组织的职责。

第一条 为了保障医师合法权益，规范医师执业行为，加强医师队伍建设，保护人民健康，推进健康中国建设，制定本法。

【本条主旨】 本条规定的是本法的立法目的。

本法的立法目的大致可以划分为三个位阶。第一位阶：保障医师合法权益，规范医师执业行为，加强医师队伍建设，这是本法的直接目的，三者应是平行关系，[1]但其首要的目的

---

〔1〕 值得注意的是：保障医师合法权益、规范医师执业行为、加强医师队伍建设，这三者之间有时表现为相互促进关系，有时表现为交叉关系。

在于"保障医师合法权益"。[1]第二位阶：保护人民健康。第三位阶：推进健康中国建设。对于第1条确立的立法目的，本法在规范体系配置上应当始终贯彻，在执法、司法乃至有关医师职业的其他立法上，均应贯彻。

　　本法立法目的三个位阶之间的基本关系，可以认为是"递进关系"。但这一结论可能存在这样的疑问：第二位阶和第三位阶之间是否存在递进关系？对此，我们可以从《医师法》的立法政策之一《"健康中国2030"规划纲要》获得适当的解答。该纲要的"序言"开宗明义提到："为推进健康中国建设，提高人民健康水平，根据党的十八届五中全会战略部署，制定本规划纲要。"因此，"推进健康中国建设"的根本目的是"保护人民健康"。[2]若将"推进健康中国建设"作

---

　　[1]　《执业医师法》（以下简称"旧法"，为突出对比关系，本书中用"旧法"指代《执业医师法》，用"新法"指代《医师法》。）第1条的表述是："为了加强医师队伍的建设，提高医师的职业道德和业务素质，保障医师的合法权益，保护人民健康，制定本法。"新旧法立法目的的变化体现了立法者对我国不同时期医师队伍状况（包括医师的数量、质量，医师权益保障等）的回应。对此，党的十八大以来，以习近平同志为核心的党中央高度重视医师队伍建设。特别是党的十九届五中全会、中央全面依法治国工作会议和习近平总书记对加强公共卫生法治保障作出的一系列重要指示，对医师队伍建设、管理和保障等方面提出了新要求。同时，随着我国经济社会发展和医改不断深入推进，医师队伍建设与管理出现了许多新情况、新问题，《执业医师法》已不能很好地适应实际工作需要，主要表现为：一是医师执业管理有待加强；二是医师职责和权利义务需要进一步明确；三是医师教育培养制度不够健全；四是有些条文规定过于原则、操作性不强；五是实践中的一些好的经验和做法需要上升为法律。综上，有必要对《执业医师法》进行修改。参见全国人大教育科学文化卫生委员会副主任委员刘谦《关于修订〈中华人民共和国执业医师法〉的说明——2021年1月20日在第十三届全国人民代表大会常务委员会第二十五次会议上》。

　　[2]　当然，在个体与整体的关系上，该条对"保护人民健康"和"推进健康中国建设"的关系安排具有一定的合理性，这种逻辑似乎可以表述为：保护人民健康的根本目的是推进健康中国建设。不过，这一逻辑仍存在被质疑的可能即对个体公民健康的保护到底是不是立法目的？

为"保护人民健康"的目的，不但本末倒置，而且更有将"保护人民健康"工具化的风险。因此，本条更可取的表达应该是：为了保障医师合法权益，规范医师执业行为，加强医师队伍建设，推进健康中国建设，保护人民健康，制定本法。

第二条　本法所称医师，是指依法取得医师资格，经注册在医疗卫生机构中执业的专业医务人员，包括执业医师和执业助理医师。

【本条主旨】本条规定的是"医师"职业法律概念。

医师是本法的核心法律概念。医师是指取得"医师资格"，完成"注册"的专业医务人员，应当属于《基本医疗卫生与健康促进法》第107条规定的"医疗卫生人员"。[1]这一规范性表达直接决定了本法中对"医师资格考试制度""医师执业注册制度"等基本制度的规范性表达。《执业医师法》第2条规定："依法取得执业医师资格或者执业助理医师资格，经注册在医疗、预防、保健机构中执业的专业医务人员，适用本法。本法所称医师，包括执业医师和执业助理医师。"《医师法》本条的表达与《执业医师法》的规定基本无异。所不同的是，《执业医师法》为"描述性"表达，《医师法》为"规范性"表达。

根据本条规定，取得"医师"职业身份的要件是：取得医师资格+执业注册；未经执业注册的，即使取得了医师资格也未取得医师职业身份，不能称之为"医师"，该个人也不能

---

〔1〕《基本医疗卫生与健康促进法》第107条规定："本法中下列用语的含义：……（五）医疗卫生人员，是指执业医师、执业助理医师、注册护士、药师（士）、检验技师（士）、影像技师（士）和乡村医生等卫生专业人员。……"

以医师之名开展医疗活动。正是在此意义上，本法第 13 条第 4 款规定："未注册取得医师执业证书，不得从事医师执业活动。"但是，本法并未完全贯彻这一逻辑，如本法第 14 条第 1 款规定："医师经注册后，可以在医疗卫生机构中按照注册的执业地点、执业类别、执业范围执业，从事相应的医疗卫生服务。""医师经注册后"的逻辑是在注册前已属于"医师"。又如，本法第 17 条"医师注册后有下列情形之一的，注销注册，废止医师执业证书"的表述，亦是存在体系违反。再如，本法第 20 条第 1 款规定："医师个体行医应当依法办理审批或者备案手续。"因为依照本法第 11 条第 2 款规定取得中医医师资格的人员申请个体行医前，也不具有"医师"职业身份。因此，第 20 条第 1 款的规定应当表述为："申请医师个体行医应当依法办理审批或者备案手续。"

本条可能还存在以下疑问：第一，医师是指依法取得医师资格，经注册在医疗卫生机构中执业的"专业医务人员"，即医师是专业医务人员。这种表达的结果可能产生医师有"专业医务人员"和"非专业医务人员"区分的误读，其根源是语法的误用，可取的表达应该是"医务人员"或者"医务专业人员"。在此意义上，《基本医疗卫生与健康促进法》第 107 条第（五）项"医疗卫生人员，是指执业医师、执业助理医师、注册护士、药师（士）、检验技师（士）、影像技师（士）和乡村医生等卫生专业人员"的规定，更具有合理性。第二，将医师区分为"执业医师"和"执业助理医师"，也存在逻辑上的障碍。"医师，是指依法取得医师资格，经注册在医疗卫生机构中执业的专业医务人员。"该定义中的"注册""执业"已经充分体现了"执业"的内涵。因此，再将"执业"纳入医师的分类标准或分类要素，进而区分为"执业医师"和"执业助理医师"，显然是同义反复。在此意义上，立法者将《执业医师法》修改为《医师法》其实并无太大实益。草案起草者的理由是：一是我国涉及职业类别的相关法律法规，如《教师法》《法官法》《律师法》《护士条例》等，都有严格的资格认证和执业注册等管理制度，但在法律法规名称上都没有"执业"二字的限定，更名有利于保持法律体系的协调统一。二是法律名称修改为《医师法》，是听取采纳医疗卫生机构、一线医务人员和有关行业组织的建议，也与中国医师节的内涵相一致。三是法律名称的修改不涉及现行医师分类管理、资格考试、执业注册考核等制度，不影响对医师执业行为的严格要求。〔1〕但是，《医师法》将医师进一步区分为执业医师和执业助理医师，实际上与《执业医师法》第 2 条的规定并无实质上的进步。

第三条 医师应当坚持人民至上、生命至上，发扬人道主义精神，弘扬敬佑生命、救死扶伤、甘于奉献、大爱无疆的崇高职业精神，恪守职业道德，遵守执业规范，提高执业水平，履行防病治病、保护人民健康的神圣职责。

医师依法执业，受法律保护。医师的人格尊严、人身安全不受侵犯。

【本条主旨】本条规定的是本法的立法宗旨。

"坚持人民至上、生命至上"是党言党语在本法上的转

---

〔1〕 参见全国人大教育科学文化卫生委员会副主任委员刘谦《关于修订〈中华人民共和国执业医师法〉的说明——2021 年 1 月 20 日在第十三届全国人民代表大会常务委员会第二十五次会议上》。

述。2020 年 5 月 22 日，习近平总书记在参加他所在的十三届全国人大三次会议内蒙古代表团审议时强调，中国共产党根基在人民、血脉在人民。党团结带领人民进行革命、建设、改革，根本目的就是为了让人民过上好日子，无论面临多大挑战和压力，无论付出多大牺牲和代价，这一点都始终不渝、毫不动摇……人民至上、生命至上，保护人民生命安全和身体健康可以不惜一切代价。[1]"敬佑生命、救死扶伤、甘于奉献、大爱无疆"[2]是习近平总书记在首个"中国医师节"作出的重要指示中对医师职业精神的高度凝练，《基本医疗卫生与健康促进法》以法律形式予以确认，将其作为所有医疗卫生人员的职业精神。[3]

第四条 国务院卫生健康主管部门负责全国的医师管理工作。国务院教育、人力资源社会保障、中医药等有关部门在各自职责范围内负责有关的医师管理工作。

县级以上地方人民政府卫生健康主管部门负责本行政区域内的医师管理工作。县级以上地方人民政府教育、人力资源社

---

〔1〕习近平："人民至上 生命至上"，载 http://backend. chinanews. com/gn/2020/05-22/9192122. shtml，访问日期：2021 年 8 月 24 日。

〔2〕"习近平对首个'中国医师节'作出重要指示"中指出，在首个"中国医师节"即将到来之际，中共中央总书记、国家主席、中央军委主席习近平作出重要指示强调，长期以来，我国广大医务人员响应党的号召，弘扬敬佑生命、救死扶伤、甘于奉献、大爱无疆的精神，全心全意为人民健康服务，在疾病预防治疗、医学人才培养、医学科技发展等方面发挥了重要作用并取得了丰硕成果，涌现出一大批医学大家和人民好医生，载 http://www. gov. cn/xinwen/2018-08/17/content_ 5314572. htm，访问日期：2018 年 8 月 17 日。

〔3〕《基本医疗卫生与健康促进法》第 51 条第 1 款规定："医疗卫生人员应当弘扬敬佑生命、救死扶伤、甘于奉献、大爱无疆的崇高职业精神，遵守行业规范，恪守医德，努力提高专业水平和服务质量。"

会保障、中医药等有关部门在各自职责范围内负责有关的医师管理工作。

【本条主旨】本条是国家各行政机关"医师管理工作"职责的规定。

在中央，由国务院卫生健康主管部门负责；在地方，由县级以上地方人民政府卫生健康主管部门负责。与医师管理紧密相关的国家机关是教育主管部门、人力资源和社会保障主管部门、中医药主管部门。本法强调了卫生健康主管部门之外的其他主管部门在医师管理工作中的职责要求，这是与旧法的不同之处。[1]

第五条 每年 8 月 19 日为中国医师节。

对在医疗卫生服务工作中做出突出贡献的医师，按照国家有关规定给予表彰、奖励。

全社会应当尊重医师。各级人民政府应当关心爱护医师，弘扬先进事迹，加强业务培训，支持开拓创新，帮助解决困难，推动在全社会广泛形成尊医重卫的良好氛围。

【本条主旨】本条确定"中国医师节"，医师表彰奖励制度，赋予政府推动全社会尊医重卫的职责。

第 1 款将"中国医师节"纳入法定节日。这是我国法律上第一次明确规定"中国医师节"。早在 2017 年 11 月 3 日，国务院针对《国家卫生计生委关于申请设立"中国医师节"

---

[1]《执业医师法》第 4 条规定："国务院卫生行政部门主管全国的医师工作。县级以上地方人民政府卫生行政部门负责管理本行政区域内的医师工作。"可见，该法并未规定教育、人力资源社会保障、中医药等有关部门的职责。

的请示》，作出《国务院关于同意设立"中国医师节"的批复》（国函〔2017〕136号）：同意自2018年起，将每年8月19日设立为"中国医师节"。至于为何将每年8月19日作为中国医师节，未见国家卫生计生委[1]的请示公开内容，但应与首届"全国卫生与健康大会"于2016年8月19日至20日召开有关。习近平总书记在首届"全国卫生与健康大会"上强调，把人民健康放在优先发展的战略地位……努力全方位、全周期保障人民健康。[2]首届"全国卫生与健康大会"的召开，对《"健康中国2030"规划纲要》的出台以及《基本医疗卫生与健康促进法》等法律法规的颁布，具有重要促进意义。

第2款确立了对医师的表彰奖励制度。与《执业医师法》第5条"国家对在医疗、预防、保健工作中作出贡献的医师，给予奖励"之规定不同的是：《医师法》确立了更大范围的奖励。《执业医师法》之下，奖励主体是国家；《医师法》之下，奖励主体有中央政府、地方政府及其部门，医疗卫生单位等多元主体。

第3款第一句是对《执业医师法》第3条的沿用。第二句则赋予了各级政府法定职责，即"各级人民政府应当关心爱护医师，弘扬先进事迹，加强业务培训，支持开拓创新，帮助解决困难，推动在全社会广泛形成尊医重卫的良好氛围"。这为政府承担落实"保障医师合法权益，规范医师执业行为，加强医师队伍建设"的责任，提供了法律根据。不过，若表述为"推动在全社会形成尊医重卫的良好氛围"，则更为周全。

---

〔1〕 现为国家卫生健康委员会。

〔2〕 在首届"全国卫生与健康大会"上，李克强、张德江、俞正声、刘云山、王岐山、张高丽亦均出席。

第六条 国家建立健全医师医学专业技术职称设置、评定和岗位聘任制度，将职业道德、专业实践能力和工作业绩作为重要条件，科学设置有关评定、聘任标准。

【本条主旨】本条是对医师医学专业技术职称制度的进一步完善。

《执业医师法》第6条规定："医师的医学专业技术职称和医学专业技术职务的评定、聘任，按照国家有关规定办理。"所谓"技术职务"，根据《卫生技术人员职务试行条例》的规定，应是指卫生技术人员的职业类别，分为医、药、护、技四类，并在该四类内部进一步划分四个等级。[1]

本条对医师医学专业技术职称制度的完善表现在：第一，确立了医师医学专业技术职称制度的主要内容即职称设置、评定和岗位聘任。第二，规定了评定、聘任标准设置的依据，即职业道德、专业实践能力和工作业绩。当然，本条并未建立具体的医师医学专业技术职称制度，需要有关立法机关在本条基础上制定医师医学专业技术职称制度的法律规范。

不过，职业道德、专业实践能力和工作业绩均为名词词组，本身不具有评价功能。因此，将"重要条件"修改为"重要内容"或者"主要内容"更为科学。如此，也能和本法

---

[1]《卫生技术人员职务试行条例》第2条规定："卫生技术职务是以医药卫生技术为主要职责，根据医药卫生工作的实际需要设置的专业技术工作岗位。卫生技术职务有明确的职责和履行相应职责必须具备的任职基本条件，在定编定员的基础上，高中初级专业技术职务有合理结构比例。"第4条规定："主任医（药、护、技）师、副主任医（药、护、技）师为高级技术职务；主治（主管）医（药、护、技）师为中级技术职务；医（药、护、技）师、医（药、护、技）干为初级技术职务。"

第42条第1款"国家实行医师定期考核制度"的规定保持一致。

第七条　医师可以依法组织和参加医师协会等有关行业组织、专业学术团体。

医师协会等有关行业组织应当加强行业自律和医师执业规范，维护医师合法权益，协助卫生健康主管部门和其他有关部门开展相关工作。

【本条主旨】本条规定了医师依法结社的权利以及行业组织的职责。

《执业医师法》第7条规定："医师可以依法组织和参加医师协会。"本条在《执业医师法》的基础上增设了"专业学术团体"和"行业组织的职责"。

第1款规定医师的结社权包括：依法组织、参加行业组织，依法组织、参加专业学术团体。目前，我国医师行业组织主要是各级"医师协会"，医师专业学术团体主要是各级"医学会"。

第2款规定了医师行业组织的三个法定职责，即：加强行业自律和医师执业规范；维护医师合法权益；协助卫生健康主管部门和其他有关部门开展相关工作。《中国医师协会章程》第3条规定："本会宗旨：发挥行业'服务、协调、自律、维权、监督、管理'职能，致力于加强医师队伍建设和管理，维护医师合法权益；弘扬以人为本、救死扶伤的人道主义职业道德，提高医师医疗水平和服务质量，为我国人民的健康和社会主义建设服务。"《中华医学会章程》第3条规定："本会的宗旨是：坚持以马克思列宁主义、毛泽东思想、邓小平理论、

'三个代表'重要思想、科学发展观、习近平新时代中国特色社会主义思想为指导，坚持党的领导，团结组织广大医学科技工作者，贯彻国家科学技术和卫生健康工作方针，崇尚医学道德，弘扬社会正气。坚持民主办会原则，依法维护会员与医学科技工作者的合法权益，充分发扬学术民主，提高医学科技工作者专业技术水平，促进医学科技技术的繁荣与发展，促进医学科学技术的普及与推广，促进医学科学技术队伍的成长，促进医学科技与经济建设相结合，为会员和医学科技工作者服务，为人民健康服务，为社会主义现代化建设服务。本会遵守宪法、法律、法规和国家政策，践行社会主义核心价值观，弘扬爱国主义精神，遵守社会道德风尚，自觉加强诚信自律建设。"鉴于行业组织和专业学术团体的宗旨不同，本条第2款规定的行业组织的三个法定职责应当由医师协会等行业组织承担。

考试和注册

【本章提要】

本章共 14 条，主要规定：①医师资格考试制度；②参加执业医师资格考试的资格；③参加执业助理医师资格考试的资格；④非学历型中医医师资格考试考核制度；⑤取得医师资格的条件；⑥医师执业注册（许可）制度；⑦执业地点、执业类别、执业范围制度；⑧医师多机构执业规则；⑨不予注册的法定事由；⑩注销注册的法定事由；⑪变更注册；⑫重新执业；⑬医师个体行医；⑭准予注册和注销注册的公告和信息查询制度。

第八条　国家实行医师资格考试制度。

医师资格考试分为执业医师资格考试和执业助理医师资格考试。医师资格考试由省级以上人民政府卫生健康主管部门组织实施。

医师资格考试的类别和具体办法，由国务院卫生健康主管部门制定。

【本条主旨】本条规定的是：医师资格考试制度，医师资格考试的分类，医师资格考试的组织实施责任主体，以及医师资格考试的类别和具体办法制定的授权性规范。

与《执业医师法》第8条相比，本条授权国务院卫生健康主管部门制定的规范性文件包括医师资格考试的类别和医师资格考试的具体办法两个方面。此处的"类别"应是指临床、中医、口腔、公共卫生等四类医师资格考试，与执业类别相对应。

第九条　具有下列条件之一的，可以参加执业医师资格考试：

（一）具有高等学校相关医学专业本科以上学历，在执业医师指导下，在医疗卫生机构中参加医学专业工作实践满一年；

（二）具有高等学校相关医学专业专科学历，取得执业助理医师执业证书后，在医疗卫生机构中执业满二年。

【本条主旨】本条规定的是参加执业医师资格考试的资格。

具有其中之一的条件，即可获得参加执业医师资格考试的资格：

条件之一：具有高等学校相关医学专业本科以上学历，在执业医师指导下，在医疗卫生机构中参加医学专业工作实践满1年。

条件之二：具有高等学校相关医学专业专科学历，取得执业助理医师执业证书后，在医疗卫生机构中执业满2年。

从以上两个条件来看，对于参加执业医师资格考试的资格，立法者考虑以下三个要素：专业、学历、实践。

与《执业医师法》第9条相比，本条在以下几个方面进行了完善：第一，区分了"专业"。《执业医师法》仅规定"医学专业"，本条的规定是"相关医学专业"，显然意在明确并非所有具有医学专业背景的人均有资格参加医师资格考试，而是限于与医师执业相关的医学专业，其他医学专业，如药学、护理学等被排除在外。第二，将"试用期满一年"修改为"参加医学专业工作实践满一年"，将医师资格考试制度与《劳动法》分离，避免了与《劳动法》关于试用期规定的冲突，实现了在"试用期"方面对医师劳动权利的平等保护。[1]第三，提升学历要求，将最高学历为"中等专业学校医学专业学历"的人员排除在外。这为提升医师医学专业技术水平提供了学历保障，与我国医学教育发展、经济社会发展、健康中国战略要求相匹配。

需要注意的是：如何理解本条第（一）项"具有高等学校相关医学专业本科以上学历"的规定？

具有高等学校相关医学专业本科学历，满足了法律规定的最低要求，应无争议。在具有高等学校相关医学专业本科学历的基础上，获得具有高等学校相关医学专业硕士研究生、博士研究生学历的，已经满足了"具有高等学校相关医学专业本科学历"的要求，亦无疑义。有疑问的是：本科学历并非"相关医学专业"，但具有相关医学专业硕士研究生、博士研究生学历的，应该如何处理？鉴于学制、学习内容的不同，此种情形下，应当认为不具有参加执业医师资格考试的资格。当

---

　　〔1〕《劳动合同法》第19条第1款规定："劳动合同期限三个月以上不满一年的，试用期不得超过一个月；劳动合同期限一年以上不满三年的，试用期不得超过二个月；三年以上固定期限和无固定期限的劳动合同，试用期不得超过六个月。"

然，要想从根本上解决该问题，还需要医学教育制度的完善，即不具有高等学校相关医学专业本科学历的，应不具有报考、获得"相关医学专业硕士研究生、博士研究生学历"的资格。否则，就可能出现"具有护理学本科学历"的人，通过获得"相关医学专业硕士研究生、博士研究生学历"，进而具备参加执业医师资格考试的资格，这显然与立法本意不符。

第十条 **具有高等学校相关医学专业专科以上学历，在执业医师指导下，在医疗卫生机构中参加医学专业工作实践满一年的，可以参加执业助理医师资格考试。**

【本条主旨】本条规定的是参加执业助理医师资格考试的资格。

获得参加执业助理医师资格考试的资格，同样需要具备专业、学历、实践三个要素。与《执业医师法》第 10 条相比，专业要求是"相关医学专业"而非"医学专业"，学历要求是"专科以上学历"而非"专科学历或者中等专业学历"，实践要求是"参加医学专业工作实践满一年"而非"试用期满一年"。

第十一条 **以师承方式学习中医满三年，或者经多年实践医术确有专长的，经县级以上人民政府卫生健康主管部门委托的中医药专业组织或者医疗卫生机构考核合格并推荐，可以参加中医医师资格考试。**

以师承方式学习中医或者经多年实践，医术确有专长的，由至少二名中医医师推荐，经省级人民政府中医药主管部门组织实践技能和效果考核合格后，即可取得中医医师资格及相应的资格证书。

本条规定的相关考试、考核办法，由国务院中医药主管部门拟订，报国务院卫生健康主管部门审核、发布。

【本条主旨】本条规定的是非学历型"中医医师资格考试考核制度"。

第1款规定，参加中医医师资格考试的条件是：①以师承方式学习中医满三年，或者经多年实践医术确有专长的；②县级以上人民政府卫生健康主管部门委托的中医药专业组织或者医疗卫生机构考核合格并推荐。

此款需要注意的是：第一，将《执业医师法》第11条规定"传统医学"改为"中医"。立法者似乎认为，"中医"并非"传统医学"，[1]中医是西医的对称，中医、西医是两种不同的医学，均有现代化发展的问题即西医现代化和中医现代化。第二，"经多年实践"究竟是几年，本条未予明确，需要进一步解释或者由行政法规、部门规章统一规范。第三，考核的责任主体是县级以上人民政府卫生健康主管部门，但由于该考核涉及专业问题，本法要求委托中医药专业组织或者医疗卫生机构进行考核。第四，个人参加中医医师资格考试还需要在考核合格的基础上由受托考核机构推荐。立法者在此要求由受托考核机构推荐的理由并不明确，这为实践中可能发生的侵害个人参加中医医师资格考试的权利埋下了制度隐患。

第2款规定，取得中医医师资格的特殊条件有：①以师承方式学习中医且医术确有专长，或者经多年实践且医术确有专

---

[1]《宪法》第21条第1款规定："国家发展医疗卫生事业，发展现代医药和我国传统医药，鼓励和支持农村集体经济组织、国家企业事业组织和街道组织举办各种医疗卫生设施，开展群众性的卫生活动，保护人民健康。"

长；②由至少 2 名中医医师推荐；③经省级人民政府中医药主管部门组织实践技能和效果考核合格。这一规定是在《执业医师法》基础上的一次重大突破，实际上是打破了《医师法》所确立的基本制度"医师资格考试制度"，仅需通过省级人民政府中医药主管部门组织实践技能和效果考核即可取得中医医师资格，而不必参加中医医师资格考试。当然，立法者规定"相应的资格证书"旨在要求通过此途径取得中医医师资格的，其医师资格有相当的限制，即在取得医师执业资格后，只能在限定的相应范围内执业。因此，本法施行后，中医医师资格可区分为通用型中医医师资格和限定型中医医师资格（本书亦称之为"效果考核合格制中医医师资格"）。

另外，我们还需要特别关注：本条第 1 款和第 2 款规定的考核性质的不同：第 1 款的考核属于"规范考核"，而第 2 款的内容属于"实践技能和效果考核"。可以认为"实践技能和效果考核"并不考验"医理"，而是考验"疗效"。

第 3 款是授权性规范，即本条规定中医医师资格考试、考核办法由国务院中医药主管部门拟订，报国务院卫生健康主管部门审核、发布。

本条还需要讨论的是"经多年实践医术确有专长的"（第 1 款）和"经多年实践，医术确有专长"（第 2 款）者，在取得医师资格并注册前，其"实践"的合法性问题。按照本法所确立的"医师资格考试制度"和"医师执业注册制度"，其"实践"自然缺乏合法性。立法者将该"非法实践者"通过建立新的制度的方式纳入合法渠道，使其获得合法执业资格，意在通过制度创新保存、鼓励民间医学。但是，该制度适用是否有期限限制，如规定 20 年后不再适用，否则"非法实践者"

将永久存在，于国家对医学、医师行业管制目的难以实现。若如此规定，则百年前那场中西医之争似乎又近在眼前。

第十二条　医师资格考试成绩合格，取得执业医师资格或者执业助理医师资格，发给医师资格证书。

【本条主旨】本条规定的是取得医师资格的条件。

"医师资格考试成绩合格"是一项法律上的事实，"取得执业医师资格或者执业助理医师资格"是行政主体依法对"医师资格考试成绩合格"这一法律上事实（能力）的行政确认，是"取得执业医师资格或者执业助理医师资格"的法律根据。[1]而"医师资格证书"是对取得执业医师资格或者执业助理医师资格的证明，仅具有证明作用和证据意义。发给医师资格证书是行政主体在确认个人取得执业医师资格或者执业助理医师资格后依法应承担的职责，既不是行政确认，也不是行政许可。

有疑问的是：医师资格考试成绩合格是否即取得执业医师资格或者执业助理医师资格？从本条文意来看，存在这种解释的可能。但实际上，医师资格考试和行政确认行为，在时间上是先后间隔的，在法律上是独立的。是否取得执业医师资格或者执业助理医师资格，还需要行政主体依法确认。因此，医师资格考试成绩合格并不意味着即取得执业医师资格或者执业助

---

[1] 《卫生部关于〈执业医师法〉执行过程中有关问题的批复》（卫医发〔2005〕372号）的内容为："新疆自治区卫生厅：你厅《关于对〈执业医师法〉执行过程中有关问题的请示（新卫办函〔2005〕46号）收悉。经研究，批复如下：你区通过医师资格考试的考生获得医师资格的时间应当为我部确定新疆考区医师资格考试合格线的发文日期。通过医师资格考试但未取得《医师资格证书》并经注册取得《医师执业证书》的考生，不具备独立执业资格。此复。"

理医师资格。

另外，本条还存在立法语言表达上的瑕疵，"医师资格考试成绩合格""取得执业医师资格或者执业助理医师资格"的主体是个人，而发给医师资格证书的主体却是法定的行政主体。

第十三条　国家实行医师执业注册制度。

取得医师资格的，可以向所在地县级以上地方人民政府卫生健康主管部门申请注册。医疗卫生机构可以为本机构中的申请人集体办理注册手续。

除有本法规定不予注册的情形外，卫生健康主管部门应当自受理申请之日起二十个工作日内准予注册，将注册信息录入国家信息平台，并发给医师执业证书。

未注册取得医师执业证书，不得从事医师执业活动。

医师执业注册管理的具体办法，由国务院卫生健康主管部门制定。

【本条主旨】本条规定的是医师执业注册（许可）制度。

取得"医师资格"尚不能开展医师执业行为。取得医师资格的个人，依法取得"医师执业资格"方能开展执业行为。个人在取得"执业医师资格或者执业助理医师资格"后，可以向所在地县级以上地方卫生健康主管部门申请注册，以取得"医师执业资格"。取得"医师执业资格"是卫生健康主管部门依法实施行政许可的结果。因此，医师执业注册制度，本质上是医师执业许可制度。

根据第 2 款规定，申请注册的方式有二：一是个人申请；二是医疗卫生机构基于个人委托代为申请。

第 3 款规定："除有本法规定不予注册的情形外，卫生健康主管部门应当自受理申请之日起二十个工作日内准予注册，将注册信息录入国家信息平台，并发给医师执业证书。"与《执业医师法》第 13 条的相应规定相比，此款将卫生健康主管部门准予注册的期限"三十日"修为"二十个工作日"，这与《行政许可》第 82 条的规定一致。[1]同时增加了"将注册信息录入国家信息平台"的规定。

此处需要进一步说明的是：第一，卫生健康主管部门应当在 20 个工作日内一并完成的工作：准予注册、将注册信息录入国家信息平台和发给医师执业证书。第二，"准予注册"应是词语上的误用，正确的表达应该是"准予执业，予以注册"，这是卫生健康主管部门作出行政许可的决定方式。同样，"准予执业，予以注册"决定，是取得"医师执业资格"的法律根据，医师执业证书仅是已经取得"医师执业资格"的证据。第三，"将注册信息录入国家信息平台"仅是卫生健康主管部门的"内部行为"，是否"将注册信息录入国家信息平台"并不影响注册的法律效力。第四，"卫生健康主管部门应当自受理申请之日起二十个工作日内准予注册"之"受理"的性质是行政行为，还是非法律上的事实行为如"收到"？一般而言，是否受理应当由行政主体依法决定，而"收到"并无由行政主体实施行政行为的可能。体系解释有助于该法律性质的确定。本法第 54 条第 2 款规定："以不正当手段取得医师资格证书或者医师执业证书的，由发给证书的卫生健康主管部门予以撤销，三年内不受理其相应申请。"显然，该处的"受理"应当是行政行为，而非法律上的事实。"卫生健康主管部

---

[1]《行政许可法》第 82 条规定："本法规定的行政机关实施行政许可的期限以工作日计算，不含法定节假日。"

门应当自受理申请之日起二十个工作日内准予注册"之"受理"的性质，也应如此界定。但如此一来，卫生健康主管部门在收到注册申请后多长时间内决定受理就构成了法律漏洞。对此，应当参照适用《行政许可法》第32条的规定处理。[1]

未经注册，即未取得医师职业身份。因此，本条第4款规定，未注册取得医师执业证书，不得从事医师执业活动。只不过，注册和取得医师执业证书在时间和行为上均是独立存在的，故本款的规范性表述应该是：未经医师执业注册，不得从事医师执业活动。

第十四条　医师经注册后，可以在医疗卫生机构中按照注册的执业地点、执业类别、执业范围执业，从事相应的医疗卫生服务。

中医、中西医结合医师可以在医疗机构中的中医科、中西医结合科或者其他临床科室按照注册的执业类别、执业范围执业。

医师经相关专业培训和考核合格，可以增加执业范围。法律、行政法规对医师从事特定范围执业活动的资质条件有规定的，从其规定。

---

[1]《行政许可法》第32条规定："行政机关对申请人提出的行政许可申请，应当根据下列情况分别作出处理：（一）申请事项依法不需要取得行政许可的，应当即时告知申请人不受理；（二）申请事项依法不属于本行政机关职权范围的，应当即时作出不予受理的决定，并告知申请人向有关行政主体申请；（三）申请材料存在可以当场更正的错误的，应当允许申请人当场更正；（四）申请材料不齐全或者不符合法定形式的，应当当场或者在五日内一次告知申请人需要补正的全部内容，逾期不告知的，自收到申请材料之日起即为受理；（五）申请事项属于本行政机关职权范围，申请材料齐全、符合法定形式，或者申请人按照本行政机关的要求提交全部补正申请材料的，应当受理行政许可申请。行政机关受理或者不予受理行政许可申请，应当出具加盖本行政机关专用印章和注明日期的书面凭证。"

经考试取得医师资格的中医医师按照国家有关规定，经培训和考核合格，在执业活动中可以采用与其专业相关的西医药技术方法。西医医师按照国家有关规定，经培训和考核合格，在执业活动中可以采用与其专业相关的中医药技术方法。

【本条主旨】本条规定的是执业地点、执业类别、执业范围制度，是医师执业注册（许可）制度的重要子制度。该条所创设的"执业范围增加制度""中西医药技术方法贯通规则"，应是本法的最大亮点之一。

第1款规定："医师经注册后，可以在医疗卫生机构中按照注册的执业地点、执业类别、执业范围执业，从事相应的医疗卫生服务。"执业地点、执业类别、执业范围制度要求将"执业地点""执业类别""执业范围执业"作为注册的必要信息，以公示许可内容。但是，何为"执业地点""执业类别""执业范围执业"，本法没有规定。现行法中，自2017年4月1日起施行的部门规章《医师执业注册管理办法》第7条规定："医师执业注册内容包括：执业地点、执业类别、执业范围。执业地点是指执业医师执业的医疗、预防、保健机构所在地的省级行政区划和执业助理医师执业的医疗、预防、保健机构所在地的县级行政区划。执业类别是指临床、中医（包括中医、民族医和中西医结合）、口腔、公共卫生。执业范围是指医师在医疗、预防、保健活动中从事的与其执业能力相适应的专业。"

在此，需要注意以下几个问题：

第一，关于执业地点。《医师执业注册暂行办法》（已废止）第2条规定，"执业地点"是指医师执业的医疗、预防、保健机构及其登记注册的地址。[1]但是，《医师执业注册管理办法》将医师执业地点扩展至"行政区划"，并将执业医师的执业地点确定为"省级行政区划"，执业助理医师的执业地点确定为"县级行政区划"。这一制度性变革的目的在于通过扩展执业地点，实行在省级或者县级行政区划内"多机构执业"，以促进医师人力资源在一定区域的合理流动，缓解所谓"看病难，看病远"的问题。有疑问的是：医师是否可以同时有多个执业地点、最多能有几个执业地点？对此，《医师执业注册管理办法》第 17 条规定："医师跨执业地点增加执业机构，应当向批准该机构执业的卫生计生行政部门申请增加注册。执业助理医师只能注册一个执业地点。"如此，对于执业医师多点执业实际并没有作出限制性规定，这也为执业医师在全国范围内自由流动或同时执业奠定了法理基础。

第二，关于"执业类别"。《医师执业注册管理办法》第 7 条第 3 款规定："执业类别是指临床、中医（包括中医、民族医和中西医结合）、口腔、公共卫生。"该部门规章的立法者认为，中医、口腔医学并非临床医学范畴。这实际上表明，在立法者意识中，只有西医才是临床医学，除此之外的中医、口腔、公共卫生均非临床医学，这一结论也可以从《关于医师执业注册中执业范围的暂行规定》（卫医发［2001］169号，已被修改）"临床类别医师执业范围"的 17 种西医二级

---

［1］《医师执业注册暂行办法》，自 1999 年 7 月 16 日施行，于 2017 年 4 月 1 日由《医师执业注册管理办法》废止。

学科专业的规定中获得支持。[1]显然，这应该是西医为主的立法参与者或者只认可西医为临床医学的立法参与者的错误认知，是"西医立法"的产物。若必须划分，则恰当的执业类别划分应该是：西医、中医、口腔、公共卫生。

第三，关于"执业范围"。《医师执业注册管理办法》第7条第4款规定："执业范围是指医师在医疗、预防、保健活动中从事的与其执业能力相适应的专业。"该办法并未就所谓"与其执业能力相适应的专业"作出解释，其内涵只能从《关于医师执业注册中执业范围的暂行规定》中确定：所谓执业范围，是指"二级学科专业"，如内科专业、外科专业、妇产科专业、儿科专业等。

第2款规定："中医、中西医结合医师可以在医疗机构中的中医科、中西医结合科或者其他临床科室按照注册的执业类别、执业范围执业。"本款"医疗机构中的中医科、中西医结合科或者其他临床科室"并不具有强制性，更多具有"指引"作用；"其他临床科室"意味着中医、中西医结合医师并不一定在中医科、中西医结合科执业，在医疗机构其他科室如胸心外科、康复科等执业，均属许可范围之内。不过，本款将中医医师和中西医结合医师并列规定，似乎改变了《医师执业注册管理办法》第7条关于中医包括中医、民族医和中西医结合

---

[1]《关于医师执业注册中执业范围的暂行规定》第1条："一、医师执业范围：（一）临床类别医师执业范围：1、内科专业；2、外科专业；3、妇产科专业；4、儿科专业；5、眼耳鼻咽喉科专业；6、皮肤病与性病专业；7、精神卫生专业；8、职业病专业；9、医学影像和放射治疗专业；10、医学检验、病理专业；11、全科医学专业；12、急救医学专业；13、康复医学专业；14、预防保健专业；15、特种医学与军事医学专业；16、计划生育技术服务专业；17、省级以上卫生行政部门规定的其他专业……"

的规定。而若在狭义层面适用"中医",则该规定又存在遗漏"民族医"之嫌。

第3款第一句规定了"执业范围增加制度",即"医师经相关专业培训和考核合格,可以增加执业范围"。这是在《执业医师法》及其配套制度基础上的一大制度性创新。以西医执业类别为例,外科专业的医师,经过培训和考核,可以在"外科专业"的基础上增加"内科专业"和(或)"儿科专业"。而且该条对增加执业范围的数量没有限制,这对医院科室设置"大器官改造"、打通涉及儿童的专业科室设置、开展实质上的多学科诊疗,具有非常重要的现实意义,对未来医院科室设置开拓了巨大的自由空间。当然,作为行政许可事项,可增加的执业范围应当在法定范围之内,即本款适用的前提应当是在统一执业类别之内,而非跨执业类别增加执业范围,因为跨执业类别增加执业范围本质上是增加执业类别。第二句规定:"法律、行政法规对医师从事特定范围执业活动的资质条件有规定的,从其规定。"从本款整体来看,此句中的"特定范围"应指特定执业范围。

第4款确立的规则更具有开拓意义和现实意义,不仅解决了医疗实践中中医医师适用西医西药、西医医师适用中医中药的现实问题,还解决了自西医进入我国逾百年来中医医师能否适用西医诊疗方法、诊疗器械的历史性争议问题。与以往西医医师只能适用西医西药、中医医师只能适用中医中药,严格区分医师类别和医药类别的固化思维和历史惯性不同,该规则实际上贯通了西医药技术方法和中医药技术方法,即中医医师可以采用与其专业相关的西医药技术方法,西医医师可以采用与其专业相关的中医药技术方法。前提是"按照国家有关规定,经培训和考核合格"。当然，对中医医师的要求是，该类中医医师必须是经"医师资格考试"取得医师资格的，对未经"医师资格考试"而取得医师资格的中医医师并不适用。对本款所确立的规则，本书姑且称之为"中西医药技术方法贯通规则"。"中西医药技术方法贯通规则"还超越了"执业范围增加制度"中跨执业类别增加执业范围的法律限制；实际上，在该规则之下，西医和中医不再保有医师主体上的划分，甚至医学学科上的区隔也将通过医疗实践逐渐消弭。较第3款确立的"执业范围增加制度"，"中西医药技术方法贯通规则"对于未来中西医的融合发展，共同走向现代化，甚至中西医走向统一或者同一，将发挥深远的法律保障作用，对中国医学发展具有划时代的意义。

当然，此款"按照国家有关规定"是立法者为有关机关确立了进一步立法的职责，以保障"中西医药技术方法贯通规则"有序实行。因为我们必须面对一个现实问题：在现有学制下，完全授予中医医师以全部的西医药技术方法，或者完全授予西医医师以全部的中医药技术方法，是不具有现实性和实践可能性的，这需要医学教育制度的改革。此外，本款规定"可以采用与其专业相关的"这一限制，也需要立法者进一步明确和规范。

第十五条 医师在二个以上医疗卫生机构定期执业的，应当以一个医疗卫生机构为主，并按照国家有关规定办理相关手续。国家鼓励医师定期定点到县级以下医疗卫生机构，包括乡镇卫生院、村卫生室、社区卫生服务中心等，提供医疗卫生服务，主执业机构应当支持并提供便利。

卫生健康主管部门、医疗卫生机构应当加强对有关医师的监督管理，规范其执业行为，保证医疗卫生服务质量。

【本条主旨】本条规定的是医师多机构执业规则。

医师多机构执业规则的产生是我国历经 20 多年不断探索发展医师执业方式的结果。2009 年 3 月 17 日发布并实施的《中共中央、国务院关于深化医药卫生体制改革的意见》（中发〔2009〕6 号）要求"稳步推动医务人员的合理流动，促进不同医疗机构之间人才的纵向和横向交流，研究探索注册医师多点执业"。随后，2009 年 9 月 11 日发布并实施的《卫生部关于医师多点执业有关问题的通知》（卫医政发〔2009〕86号，已失效）规定"医师多点执业是指医师在两个以上医疗机构从事诊疗活动，不包括医师外出会诊"。显然，其所谓"医师多点执业"本质上是"多机构执业"。实际上，1999 年 7 月 16 日颁行的《医师执业注册暂行办法》早已有"医师执业地点在两个以上的管理规定另行制定"的规定。因此，无论是《中共中央、国务院关于深化医药卫生体制改革的意见》，还是《卫生部关于医师多点执业有关问题的通知》都没有突破部门规章《医师执业注册暂行办法》的基本思路。不过，中共中央国务院、国家卫生健康主管部门的政策文件对促进人才纵横交流起到了政策性策动作用。真正建立医师多机构执业规则的是 2017 年制定的部门规章《医师执业注册管理办法》，该办法将执业医师和执业助理医师的执业地点分别确定为"省级行政区划"和"县级行政区划"的同时，规定"在同一执业地点多个机构执业的医师，应当确定一个机构作为其主要执业机构，并向批准该机构执业的卫生计生行政部门申请注册；对于拟执业的其他机构，应当向批准该机构执业的卫生计生行政部门分别申请备案，注明所在执业机构的名称"。[1]至此，"以执业注册为基础的多机构执业备案制"得以建立，这为医师在同一执业地点内多机构执业提供了法律基础。

本条需要关注以下几个问题：

第一，如果按照《医师执业注册管理办法》继续实行多机构执业备案制，则该"备案"在本质上属于行政许可，还是行政登记，需要进一步明确。本书认为，鉴于医师执业行政监管的需要和医师执业行政许可的法治要求，所谓"备案"应属于行政许可的范围，只不过法律对该行政许可事项的管制程度较注册制有所缓和而已。

第二，本条所确立的是多机构执业涉及所有医疗卫生机构，这为"公共卫生医师"在医疗、预防、保健机构之间多机构执业提供了法律根据，尤其是为解决医疗机构、保健机构公共卫生医师人力资源短缺问题，强化医防协同机制（机构间协同、人员间协同、学科间协同），提供了新的制度支撑。更为重要的是，这为门诊部、诊所等营利性基层医疗卫生机构通过该制度共享公共卫生医师，以及实现公共卫生医师参与医疗机构疾病防控提供了制度保障。

第三，本条第1款第2句规定："国家鼓励医师定期定点到县级以下医疗卫生机构，包括乡镇卫生院、村卫生室、社区卫生服务中心等，提供医疗卫生服务，主执业机构应当支持并提供便利。"对此，我们应当注意到：一是该款是倡导性规定，是否同意医师多机构执业的自主权仍掌握在医疗卫生机构

---

[1]《医师执业注册管理办法》第10条。

手中，故所谓"应当"在法律规范上并不具有强制性；该规定能否真正能够发挥作用，还取决于配套激励政策的出台，当下推行的医疗联合体制度可能是优选策略。二是"国家鼓励医师定期定点到县级以下医疗卫生机构，包括乡镇卫生院、村卫生室、社区卫生服务中心等"。立法者重点鼓励医师到哪些医疗卫生机构定期定点执业？通常来说，"县级以下医疗卫生机构"的表述应当包含县级医疗卫生机构。[1]但是，"包括乡镇卫生院、村卫生室、社区卫生服务中心等"的表达，似乎是只鼓励到公立的基层医疗卫生机构，既不鼓励到县级医疗卫生机构，也不鼓励到私立尤其是营利性医疗卫生机构（不过"等"字有更多文意解释可能）。这可能与《基本医疗卫生与健康促进法》"医疗卫生服务体系坚持以非营利性医疗卫生机构为主体、营利性医疗卫生机构为补充。政府举办非营利性医疗卫生机构，在基本医疗卫生事业中发挥主导作用，保障基本医疗卫生服务公平可及"的制度构建有关。但是，值得引起注意的是：①大型综合性医疗卫生机构的医师到"乡镇卫生院、村卫生室、社区卫生服务中心"只能提供该基层医疗卫生机构能力范围内的医疗卫生服务，不可因大型综合性医疗卫生机构的医师在其处备案执业而超基层医疗卫生机构能力提供服务。②医疗卫生事业应当坚持公益性原则，并不否定营利性医疗卫生机构在我国医疗卫生服务组织体系中的基本定位和其在提供基本医疗服务、基本卫生服务、医防协同方面的积极作用。③"定期定点"应当属于医疗机构间自治的范围，下位

---

〔1〕 如《民法典》第1259条规定："民法所称的'以上'、'以下'、'以内'、'届满'，包括本数；所称的'不满'、'超过'、'以外'，不包括本数。"《刑法》第99条规定："本法所称以上、以下、以内，包括本数。"

法、政策和行政监管不应对此进行限制。

医师多机构执业必然会给医疗机构内部管理、卫生行政监管带来新的挑战。因此，本条第2款要求"卫生健康主管部门、医疗卫生机构应当加强对有关医师的监督管理，规范其执业行为，保证医疗卫生服务质量"。[1]

第十六条 有下列情形之一的，不予注册：

（一）无民事行为能力或者限制民事行为能力；

（二）受刑事处罚，刑罚执行完毕不满二年或者被依法禁止从事医师职业的期限未满；

（三）被吊销医师执业证书不满二年；

（四）因医师定期考核不合格被注销注册不满一年；

（五）法律、行政法规规定不得从事医疗卫生服务的其他情形。

受理申请的卫生健康主管部门对不予注册的，应当自受理申请之日起二十个工作日内书面通知申请人和其所在医疗卫生机构，并说明理由。

【本条主旨】本条规定的是"不予注册"的法定事由即医师执业许可的消极条件以及卫生健康主管部门的告知义务。

对本条第1款，首先应当从保障意义上理解，而不进行限制意义上的解读，即只要法律没有规定的限制条件，行政主体都不能将其作为不予注册的理由。

第（一）项为"无民事行为能力或者限制民事行为能

---

〔1〕 此处的"保证"不应在结果意义上解释，而应从医疗卫生服务规范性视角解释。但是从立法意义上讲，使用"保障"优于"保证"。

力"。关于民事行为能力,《民法典》采取"两线三区"模式,区分为:完全民事行为能力、无民事行为能力、限制民事行为能力。申请执业注册本属于行政法调整的内容。此处,适用民事行为能力制度,是民事行为能力制度在整个法律体系中的基础性地位决定的,而行政法中没有必要建立区别于民事行为能力制度的其他行为能力制度。《执业医师法》的表述为"不具有完全民事行为能力的"。新旧两法没有本质上的区别,不过,旧法的表达更加简练。

第(二)项为"受刑事处罚,刑罚执行完毕不满二年或者被依法禁止从事医师职业的期限未满"。《执业医师法》的表述为"因受刑事处罚,自刑罚执行完毕之日起至申请注册之日止不满二年的"。首先,在语言表述上,"受刑事处罚"或者"因受刑事处罚"均为无必要和实益的赘文。其次,在有"刑罚执行"情形中,新旧两法的期间计算有所不同:新法是"刑罚执行完毕不满二年",旧法是"自刑罚执行完毕之日起至申请注册之日止不满二年",两相比较,新法更加合理,即在刑罚执行期间提出申请、只要刑罚执行完毕已满二年,行政主体即应当依法予以注册,许其执业。这不仅体现了立法的严密性,更体现了立法者对医疗人力资源的珍视。最后,《医师法》增加了"被依法禁止从事医师职业的期限未满",其情形至少包含本法第58条规定的"五年直至终身禁止从事医疗卫生服务",但应不限于此,具体以相应法律规定为准。[1]

第(三)项为"被吊销医师执业证书不满二年"。《执业医师法》的表述为"受吊销医师执业证书行政处罚,自处罚

---

[1] 南京市卫生健康委胡晓翔先生认为,此处应该是兜底性条款,比如烈性传染患者即属此例。但如果是兜底性条款,则与本条第(五)项存在重叠关系。

决定之日起至申请注册之日止不满二年的"。比较而言，新法的合理性表现在：第一，"吊销医师执业证书"只能是行政处罚，因此，再重复表述"行政处罚"不但没有实益，更有可能产生是否还存在其他的"吊销医师执业证书"的法律责任类型的疑惑。第二，将不予注册的基准时限制在行政许可实施，而非申请注册。第三，无论是新法还是旧法，均对医师执业证书的法律效力存在误解。前述已经表明，医师执业证书仅具有证据意义，以证明持证人具有医师执业资格。因此，作为行政处罚，所吊销的应是"医师执业资格"，或者说"医师执业证书"应当从实质意义上去理解，而不能仅理解为医师执业证书这一证件。当然，"吊销医师执业证书"这一表达方式在行政法的通俗性上值得肯定。[1]

第（四）项为"因医师定期考核不合格被注销注册不满一年"。此项是《医师法》新增的内容，《执业医师法》对此空白，存在法律漏洞。医师定期考核不合格而注销注册，虽然不是行政处罚的结果，但其主要是基于对医师的业务水平、工作业绩、职业道德状况的否定性评价，将注销注册后的一年作为申请人自我提升或改正的期间，具有正当性。

第（五）项为"法律、行政法规规定不得从事医疗卫生服务的其他情形"，是兜底性条款。《执业医师法》的表述是"有国务院卫生行政部门规定不宜从事医疗、预防、保健业务的其他情形的"。与旧法相比，新法的合理性在于：第一，将

---

[1]《行政处罚法》也如此规定，如第9条规定："行政处罚的种类：（一）警告、通报批评；（二）罚款、没收违法所得、没收非法财物；（三）暂扣许可证件、降低资质等级、吊销许可证件；（四）限制开展生产经营活动、责令停产停业、责令关闭、限制从业；（五）行政拘留；（六）法律、行政法规规定的其他行政处罚。"

制定不予注册新事由的权限保留在法律、行政法规，而不是授予国务院卫生行政部门，有利于保障申请人权利。第二，旧法使用"不宜"，新法使用"不得"。新法的该用法增强了法律的确定性和地方卫生健康主管部门的可操作性，也在一定程度上限制了国务院卫生健康行政主管部门在制定相关规范性文件时的裁量权。按照《医师执业注册管理办法》的规定，甲类、乙类传染病传染期、精神疾病发病期以及身体残疾等健康状况不适宜或者不能胜任医疗、预防、保健业务工作的，也属于不予注册的法定事由。但由于该办法属于部门规章，《医师法》生效后，该条款应上升为法律、行政法规的内容。

本条第2款规定："受理申请的卫生健康主管部门对不予注册的，应当自受理申请之日起二十个工作日内书面通知申请人和其所在医疗卫生机构，并说明理由。"本款基本延续了《执业医师法》第15条第2款的规定。有所不同的是：

第一，新法规定卫生健康主管部门对不予注册的通知和说明义务的起讫时间是"自受理申请之日起二十个工作日内"。《执业医师法》的规定则是"自收到申请之日起三十日内"，除了期限长短不同外，最主要的区别是"受理"和"收到"。对此差异，前文已经解释，此处不再赘述。

第二，新法删除了"申请人有异议的，可以自收到通知之日起十五日内，依法申请复议或者向人民法院提起诉讼"之规定。关于申请人的救济权利、行使期间和行使方式，一方面，《行政复议法》和《行政诉讼法》有此规定，本次立法无需重复；另一方面，《行政复议法》第9条第1款规定："公民、法人或者其他组织认为具体行政行为侵犯其合法权益的，可以自知道该具体行政行为之日起六十日内提出行政复议申请；但是法律规定的申请期限超过六十日的除外。"《行政诉讼法》第46条第1条规定："公民、法人或者其他组织直接向人民法院提起诉讼的，应当自知道或者应当知道作出行政行为之日起六个月内提出。法律另有规定的除外。"因此，《行政复议法》和《行政诉讼法》提供了比《执业医师法》更为有利的保护期间，在没有特殊理由的情况下，若《医师法》延续《执业医师法》的该句规定，不具有立法上的正当性。

第十七条 医师注册后有下列情形之一的，注销注册，废止医师执业证书：

（一）死亡；

（二）受刑事处罚；

（三）被吊销医师执业证书；

（四）医师定期考核不合格，暂停执业活动期满，再次考核仍不合格；

（五）中止医师执业活动满二年；

（六）法律、行政法规规定不得从事医疗卫生服务或者应当办理注销手续的其他情形。

有前款规定情形的，医师所在医疗卫生机构应当在三十日内报告准予注册的卫生健康主管部门；卫生健康主管部门依职权发现医师有前款规定情形的，应当及时通报准予注册的卫生健康主管部门。准予注册的卫生健康主管部门应当及时注销注册，废止医师执业证书。

【本条主旨】本条规定的是注销注册的法定事由，相关报告义务、通报义务，废止医师执业证书义务。

准确理解"注销注册"的性质，对于适用本条具有重要意义。如前所述，本法第13条第2款"准予注册"应是词语上的误用，正确的表达应该是"准予执业，予以注册"，是卫生健康主管部门作出行政许可的决定方式。本条"注销注册"的性质与"准予注册"并不是对应关系。注销注册的原因可能是行政处罚，或者其他法定事由，但注销注册本身并非行政处罚，更多是一种附属的行为公示，因此，行政主体应当依职权履行。这与《行政许可法》的规定相一致。[1]

本条第1款第（一）项为"死亡"。医师执业行政许可是对个人特定能力的确认和特定资格给予许可的结果。既然该个人已经死亡（含宣告死亡），则医师执业许可自然失去了基础。因此，应当予以注销。

第（二）项为"受刑事处罚"。受刑事处罚是个人因其故意或者过失行为受到法律最严重的否定性评价的结果，该类人不应许其医师执业的资格，当然失去执业资格，已经许其执业资格的，应当予以注销。

第（三）项为"被吊销医师执业证书"。行政主体作出吊销医师执业证书的行政处罚决定后，个人医师执业资格随即丧失，其执业注册应予注销。

第（四）项为"医师定期考核不合格，暂停执业活动期满，再次考核仍不合格"。医师定期考核不合格，暂停执业活动期满，再次考核仍不合格的，证明该医师的"业务水平、

---

〔1〕《行政许可法》第70条规定："有下列情形之一的，行政机关应当依法办理有关行政许可的注销手续：（一）行政许可有效期届满未延续的；（二）赋予公民特定资格的行政许可，该公民死亡或者丧失行为能力的；（三）法人或者其他组织依法终止的；（四）行政许可依法被撤销、撤回，或者行政许可证件依法被吊销的；（五）因不可抗力导致行政许可事项无法实施的；（六）法律、法规规定的应当注销行政许可的其他情形。"

工作业绩和职业道德"难以胜任执业。对此，《执业医师法》第 31 条第 3 款亦规定："对考核不合格的医师，县级以上人民政府卫生行政部门可以责令其暂停执业活动三个月至六个月，并接受培训和继续医学教育。暂停执业活动期满，再次进行考核，对考核合格的，允许其继续执业；对考核不合格的，由县级以上人民政府卫生行政部门注销注册，收回医师执业证书。"此时，医师执业许可的基础丧失，应当予以注销注册。

第（五）项为"中止医师执业活动满二年"。医学是持续发展的实践性学科，医师执业水平的保持和提升依赖于不断学习、临床实践、经验总结。中止医师执业活动满 2 年的，该医师的执业能力难以保障，应当予以注销。问题在于如何认定"中止执业"。如实践中存在的极少数情况是卫生健康行政部门的公职人员在医疗卫生机构中的兼职行为，该类"医师"有偶有执业行为，若认定其已"中止"与实际情况不符，若不予认定其"中止"，却有悖于"医学是持续发展的实践性科学"的基本判断，更不利于对医师执业行为的行政监管。

第（六）项为"法律、行政法规规定不得从事医疗卫生服务或者应当办理注销手续的其他情形"。本项是兜底性条款。与《执业医师法》第 16 条第 1 款第（六）项"有国务院卫生行政部门规定不宜从事医疗、预防、保健业务的其他情形的"相比，《医师法》本项规定更具有合理性：第一，将该相关规范制定权保留在法律、行政法规，提升了该制定权的民主性、权威性。第二，将"不宜"修改为"不得"，增加了法律的确定性。对于"失踪满二年"的，有适用本项的可能：一方面，如果被宣告失踪，对失踪人即可适用本项规定予以注销注册；另一方面，即使未被宣告为失踪人，因其事实上失踪满

2 年，也可以注销其注册，因为失踪满 2 年的，应属于"中止医师执业活动满二年"的情形，从而适用本条第（五）项的规定。[1]

本条第 2 款涉及三个重要内容：第一，有应当注销注册的法定事由的，医师所在医疗卫生机构负有向准予注册的卫生健康主管部门的报告义务，该义务的履行时限为 30 日内，医疗机构违反该义务的，将按照本法第 61 条课以相应法律责任。[2]第二，卫生健康主管部门的通报义务。卫生健康主管部门依职权发现医师有应当注销注册的法定事由的，有义务及时通报准予注册的卫生健康主管部门。第三，准予注册的卫生健康主管部门的注销注册义务。此处，立法者使用的是"及时"一词，但未规定具体的时限。第四，准予注册的卫生健康主管部门的废止医师执业证书义务。该义务属于卫生健康主管部门在注销注册后应当履行的附属义务。该义务的履行应当以将废止决定予以公示的方式进行，以便达到公示的效果。至于卫生健康主管部门违反该义务的法律责任，本法并未明确规定，但应当可以适用本法第 62 条之规定。[3]

第十八条　医师变更执业地点、执业类别、执业范围等注册事项的，应当依照本法规定到准予注册的卫生健康主管部门

---

〔1〕《民法典》第 40 条规定："自然人下落不明满二年的，利害关系人可以向人民法院申请宣告该自然人为失踪人。"

〔2〕《医师法》第 61 条规定："违反本法规定，医疗卫生机构未履行报告职责，造成严重后果的，由县级以上人民政府卫生健康主管部门给予警告，对直接负责的主管人员和其他直接责任人员依法给予处分。"

〔3〕《医师法》第 62 条规定："违反本法规定，卫生健康主管部门和其他有关部门工作人员或者医疗卫生机构工作人员弄虚作假、滥用职权、玩忽职守、徇私舞弊的，依法给予处分。"

办理变更注册手续。

医师从事下列活动的，可以不办理相关变更注册手续：

（一）参加规范化培训、进修、对口支援、会诊、突发事件医疗救援、慈善或者其他公益性医疗、义诊；

（二）承担国家任务或者参加政府组织的重要活动等；

（三）在医疗联合体内的医疗机构中执业。

【本条主旨】本条是关于变更注册的规定。

第 1 款规定："医师变更执业地点、执业类别、执业范围等注册事项的，应当依照本法规定到准予注册的卫生健康主管部门办理变更注册手续。"本款首先要回答的是：哪些属于法定注册事项？立法者以列举的方式予以规定。因此，执业地点、执业类别、执业范围，这三项属于法定注册事项。《医师执业注册管理办法》第 7 条第 1 款亦规定："医师执业注册内容包括：执业地点、执业类别、执业范围。"除此之外，本款"等"字意味着"其他事项"也属于法定注册事项。本书认为，诸如"主要执业机构""医师考核结果""中止执业""受刑事处罚""被吊销医师执业证书"等应属法定注册事项。另外，医师个人的自然信息属于当然的法定注册事项。其次，如何确定变更注册的行政主体？本法采取了"谁准予注册，谁变更注册"的原则。

第 2 款规定的是可以不办理相关变更注册手续的情形。

第（一）项为"参加规范化培训、进修、对口支援、会诊、突发事件医疗救援、慈善或者其他公益性医疗、义诊"。"规范化培训"是指本法第 38 条规定的"住院医师规范化培

训""专科医师规范化培训"。[1]"进修"是我国县级及基层
医疗卫生机构医师提升业务水平，引进新技术的重要途径，
对促进我国进修医学教育的发展和医学科学技术水平的提高
起了积极作用，[2]自 1983 年起逐渐正规化、制度化、规范
化。"对口支援"是一项具有中国特色的府际协作与资源配
置的治理制度，其在我国政治生态环境中萌芽、发展并趋于
完善，[3]医疗卫生对口支援是其重要内容之一。"会诊"有医
疗机构内会诊和医疗机构间会诊两种类型。本法所称的会诊是
指医师外出会诊，即医疗机构间会诊。对此，具体由部门规章
《医师外出会诊管理暂行规定》规制。关于"突发事件医疗救
援"，《突发事件应对法》有相应规定。[4]对于医疗"慈善"，

---

〔1〕 对此，《基本医疗卫生与健康促进法》第 52 条第 1 款规定："国家制定
医疗卫生人员培养规划，建立适应行业特点和社会需求的医疗卫生人员培养机制
和供需平衡机制，完善医学院校教育、毕业后教育和继续教育体系，建立健全住
院医师、专科医师规范化培训制度，建立规模适宜、结构合理、分布均衡的医疗
卫生队伍。"

〔2〕 1983 年 11 月 7 日《卫生部关于认可卫生部进修医学教育基地及其有关
问题的通知》。

〔3〕 参见伍文中、张扬、刘晓萍："从对口支援到横向财政转移支付：基于
国家财政均衡体系的思考"，载《财经论丛》2014 年第 1 期，第 36~41 页，转引
自卫劭华："中国特色对口支援制度 70 年：历程、特征、逻辑与展望"，载《领
导科学论坛》2021 年第 7 期，第 24~33 页。

〔4〕《突发事件应对法》第 49 条规定："自然灾害、事故灾难或者公共卫生
事件发生后，履行统一领导职责的人民政府可以采取下列一项或者多项应急处置
措施：……（三）立即抢修被损坏的交通、通信、供水、排水、供电、供气、供
热等公共设施，向受到危害的人员提供避难场所和生活必需品，实施医疗救护和
卫生防疫以及其他保障措施……"第 52 条第 1 款规定："履行统一领导职责或者
组织处置突发事件的人民政府，必要时可以向单位和个人征用应急救援所需设备、
设施、场地、交通工具和其他物资，请求其他地方人民政府提供人力、物力、财
力或者技术支援，要求生产、供应生活必需品和应急救援物资的企业组织生产、
保证供给，要求提供医疗、交通等公共服务的组织提供相应的服务。"

《慈善法》第 63 条第 1 款规定："开展医疗康复、教育培训等慈善服务，需要专门技能的，应当执行国家或者行业组织制定的标准和规程。"因此，应当遵照相应的医疗卫生法规定。"义诊"是提供医疗、预防、保健等咨询服务的非商业性社会公益活动，对于疾病防治、宣传卫生知识、普及健康教育以及卫生支农等均具有积极的重要作用，是医务人员实践全心全意为人民服务宗旨的具体行动，[1]由县级以上卫生行政部门负责对义诊活动的备案、审查、监督和管理。

第（二）项为"承担国家任务或者参加政府组织的重要活动等"。对此，现行法律没有明确规定，但是有地方已经尝试开展规范化，如《广东省重大活动卫生保障暂行办法》（粤卫 [2006] 249 号）。

第（三）项为"在医疗联合体内的医疗机构中执业"。医疗联合体是《基本医疗卫生与健康促进法》所确立的一种医疗服务合作机制。[2]国家卫生健康主管部门在此基础上颁布了《医疗联合体管理办法（试行）》（国卫医发 [2020] 13 号）。该办法第 2 条规定，医联体包括但不限于城市医疗集团、县域医疗共同体、专科联盟和远程医疗协作网。城市医疗集团，是指设区的市级以上城市，由三级公立医院或者业务能力较强的医院牵头，联合社区卫生服务机构、护理院、专业康复

---

〔1〕《卫生部关于组织义诊活动实行备案管理的通知》。

〔2〕《基本医疗卫生与健康促进法》第 30 条规定："国家推进基本医疗服务实行分级诊疗制度，引导非急诊患者首先到基层医疗卫生机构就诊，实行首诊负责制和转诊审核责任制，逐步建立基层首诊、双向转诊、急慢分治、上下联动的机制，并与基本医疗保险制度相衔接。县级以上地方人民政府根据本行政区域医疗卫生需求，整合区域内政府举办的医疗卫生资源，因地制宜建立医疗联合体等协同联动的医疗服务合作机制。鼓励社会力量举办的医疗卫生机构参与医疗服务合作机制。"

机构等组成的组织，形成资源共享、分工协作的管理模式；县域医共体，是指以县级医院为龙头、乡镇卫生院为枢纽、村卫生室为基础的一体化管理组织；专科联盟，是指以专科协作为纽带，形成的区域间若干特色专科协作组织；远程医疗协作网，是指面向基层、边远和欠发达地区建立的远程合作网络。医师在医疗联合体内执业的，也可以不办理变更注册手续。

整体上分析以上三种情形可知，医师的上述执业行为是在医疗机构和政府的组织、监管下开展的。在立法目的已经实现的情况下，注册管理作为国家监管医师执业的主要措施之一，在上述执业活动中，要么显得重复，要么缺乏必要性。因此，立法者认为，可以不办理相关变更注册手续。

可以肯定的是，"可以不办理相关变更注册手续"当然包括执业地点。但是是否包括执业类别、执业范围，需要立法者进一步解释；在"突发事件医疗救援"时突破"执业类别""执业范围"是有可能的。

第十九条　中止医师执业活动二年以上或者本法规定不予注册的情形消失，申请重新执业的，应当由县级以上人民政府卫生健康主管部门或者其委托的医疗卫生机构、行业组织考核合格，并依照本法规定重新注册。

【本条主旨】本条是关于重新执业的规定。

首先，若要"重新执业"，则申请人获得执业许可的前提是经县级以上人民政府卫生健康主管部门考核合格，该考核亦可以由县级以上人民政府卫生健康主管部门委托的医疗卫生机构、行业组织（如医师协会等，并非医学会等学术团体）进行。

其次，本条规定申请重新执业的前置事由有两大方面：一是中止医师执业活动 2 年以上；二是本法规定不予注册的情形消失。按照本法第 17 条的规定，"中止医师执业活动满二年"属于"注销注册"的法定事由，在被注销注册后，申请执业的，属于申请重新执业。但是，申请重新执业的事由应当是"因中止执业活动二年以上被注销注册"而不是"中止医师执业活动二年以上"，因为注销注册是独立的具体行政行为，"中止医师执业活动二年以上"是应当注销注册而是必然会注销注册。"本法规定不予注册的情形消失"主要是指本法第 16 条第 1 款规定的 5 种情形。但是，需要注意的是：有第（三）（四）项规定情形的，可以申请重新执业，而第因（一）（二）（五）项规定不予注册的情形中，申请人可能从未执业过，因此，可能不属于申请重新执业。此处区分的意义在于：如果不是真正的申请重新执业，则卫生健康主管部门须经考核才能重新注册的正当理由何在？

第二十条 医师个体行医应当依法办理审批或者备案手续。

执业医师个体行医，须经注册后在医疗卫生机构中执业满五年；但是，依照本法第十一条第二款规定取得中医医师资格的人员，按照考核内容进行执业注册后，即可在注册的执业范围内个体行医。

县级以上地方人民政府卫生健康主管部门对个体行医的医师，应当按照国家有关规定实施监督检查，发现有本法规定注销注册的情形的，应当及时注销注册，废止医师执业证书。

【本条主旨】 本条规定的是申请医师个体行医的程序、前提条件和特殊监管要求。

第 1 款规定"医师个体行医应当依法办理审批或者备案手

续"。关于申请医师个体行医，立法者对西医医师和中医医师的程序要求有所不同：西医医师个体行医的，须按照《医疗机构管理条例》规定办理审批手续；中医医师个体行医的，应当按照《中医药法》《中医诊所备案管理暂行办法》规定办理备案手续。[1]

第2款规定了申请医师个体行医的前提条件。除通过"效果考核合格制"（以师承方式学习中医或者经多年实践，医术确有专长的，由至少二名中医医师推荐，经省级人民政府中医药主管部门组织实践技能和效果考核合格后，即可取得中医医师资格及相应的资格证书）取得中医医师资格的人员外，无论中医还是西医申请医师个体行医的，其前提是曾"经注册后在医疗卫生机构中执业满五年"。当然，该处的"医疗卫生机构"应当作限缩解释，即应将中医个体诊所除外。通过"效果考核合格制"取得中医医师资格的人员申请医师个体行医的，无此前提性要求。

医师个体行医因没有诸如医院所具有的内部组织管理机构、组织形式系营利性医疗机构等因素，致其经营风险大、监管难度大。因此，本条第3款要求"县级以上地方人民政府卫生健康主管部门对个体行医的医师，应当按照国家有关规定实施监督检查，发现有本法规定注销注册的情形的，应当及时注销注册，废止医师执业证书"。

---

[1]《中医药法》第14条规定："举办中医医疗机构应当按照国家有关医疗机构管理的规定办理审批手续，并遵守医疗机构管理的有关规定。举办中医诊所的，将诊所的名称、地址、诊疗范围、人员配备情况等报所在地县级人民政府中医药主管部门备案后即可开展执业活动。中医诊所应当将本诊所的诊疗范围、中医医师的姓名及其执业范围在诊所的明显位置公示，不得超出备案范围开展医疗活动。具体办法由国务院中医药主管部门拟订，报国务院卫生行政部门审核、发布。"

第二十一条　县级以上地方人民政府卫生健康主管部门应当将准予注册和注销注册的人员名单及时予以公告，由省级人民政府卫生健康主管部门汇总，报国务院卫生健康主管部门备案，并按照规定通过网站提供医师注册信息查询服务。

【本条主旨】本条规定的是准予注册和注销注册的公告、汇总、备案和信息查询制度。

本书认为，第一，此条仅仅规定"准予注册"和"注销注册"尚存欠缺，还应当规定"变更注册"。第二，该三类注册信息的公开对于保障民众的知情权，增强社会监督，弥补行政监管不足，具有重要意义，但除了卫生健康行政主管部门的公示外，保障民众对该等信息的查询权更有实益。国家卫生健康委员会目前所建立的医生执业注册信息查询系统基本难以保障公民的医师注册信息查询权。因为，按其信息查询设置要求，只有民众同时知道"所在省份""姓名""所在医疗机构"三个信息的情况下，才能获得相关注册信息，而且所能获得的注册信息极为有限，难以起到社会监督的作用。

执业规则

【本章提要】

本章共 15 条，主要规定：①医师职业权利；②医师职业义务；③医师亲诊义务；④医师说明义务和取得患者方同意的义务及患者方授权规则；⑤医师开展医学临床研究规范；⑥医师紧急救治义务、紧急干预权；⑦医师使用药品、消毒药剂、医疗器械、诊疗方法要求；⑧医师用药原则、规范、说明书外用药规范；⑨远程医疗服务、远程医疗合作；⑩医师执业廉洁纪律；⑪医师受调遣义务；⑫医师对特定事项报告义务；⑬执业助理医师特殊执业规则；⑭医学生、医学毕业生参与临床诊疗活动规则；⑮医师医德医风教育和医疗卫生机构对医师管理的要求。

第二十二条　医师在执业活动中享有下列权利：

（一）在注册的执业范围内，按照有关规范进行医学诊查、疾病调查、医学处置、出具相应的医学证明文件，选择合理的医疗、预防、保健方案；

（二）获取劳动报酬，享受国家规定的福利待遇，按照规定参加社会保险并享受相应待遇；

（三）获得符合国家规定标准的执业基本条件和职业防护装备；

（四）从事医学教育、研究、学术交流；

（五）参加专业培训，接受继续医学教育；

（六）对所在医疗卫生机构和卫生健康主管部门的工作提出意见和建议，依法参与所在机构的民主管理；

（七）法律、法规规定的其他权利。

【本条主旨】本条主要规定的是医师的职业权利。

第（一）项为"在注册的执业范围内，按照有关规范进行医学诊查、疾病调查、医学处置、出具相应的医学证明文件，选择合理的医疗、预防、保健方案"。这是医师最基本的职业权利。本项对《执业医师法》相应条款进行了修改。《执业医师法》第21条第（一）项规定："在注册的执业范围内，进行医学诊查、疾病调查、医学处置、出具相应的医学证明文件，选择合理的医疗、预防、保健方案。"比较而言，新法增加了"按照有关规范"。立法者增加该内容的目的应该在于强调医师行使职业权利的规范性，但就立法技术而言，所增加的内容显属多余。因为，作为职业权利，一方面，"按照有关规范"的限制无疑不属于权利本身的内容，而属于权利行使的边界；另一方面，医疗行为的基本依据是法律规范、技术规范，但是并非所有的医疗行为都须有规范的支持，这与法律规范和生活实践并不总是一致或者总是不一致有相似性。

第（二）项为"获取劳动报酬，享受国家规定的福利待遇，按照规定参加社会保险并享受相应待遇"。《劳动法》第3

条第 1 款规定："劳动者享有平等就业和选择职业的权利、取得劳动报酬的权利、休息休假的权利、获得劳动安全卫生保护的权利、接受职业技能培训的权利、享受社会保险和福利的权利、提请劳动争议处理的权利以及法律规定的其他劳动权利。"医师作为劳动者，获取劳动报酬，享受福利待遇和社会保险待遇，是其基本的劳动者权利。因此，该项权利本质与医师的职业权利无关。当然，本条规定"医师在执业活动中享有下列权利"，因此第（二）项规定并未超出本条文意范围。除具有宣誓意义外，本项可以认为是重复立法。

第（三）项为"获得符合国家规定标准的执业基本条件和职业防护装备"。本项是对《执业医师法》第 21 条第（二）项"按照国务院卫生行政部门规定的标准，获得与本人执业活动相当的医疗设备基本条件"规定的完善。本项的合理性在于：第一，增加了"职业防护装备"。第二，将"按照国务院卫生行政部门规定的标准"修改为"符合国家规定标准的"。因为"执业基本条件和职业防护装备"不限于卫生健康主管部门的要求，生态环境主管等部门的要求，乃至法律、行政法规的规定也属此类。

第（四）项为"从事医学教育、研究、学术交流"。本项是对《执业医师法》第 21 条第（三）项"从事医学研究、学术交流，参加专业学术团体"的完善。关于"参加专业学术团体"的权利，《医师法》第 7 条第 1 款有明确规定（还应包括组织专业学术团体）。"从事医学研究、学术交流"是医师当然的职业权利。同时，在我国医师培养体系中，医学院校教育、毕业后教育、继续教育等三大教育，〔1〕均离不开作为"教师""带教老师""指导老师"的医师。因此，增加"从事医学教育"的权利，是立法上对医师的教育者身份的确认。

第（五）项为"参加专业培训，接受继续医学教育"。本项与《执业医师法》第21条第（四）项的内容一致。"参加专业培训，接受继续医学教育"是医师持续提升业务水平的基本途径之一。

第（六）项为"对所在医疗卫生机构和卫生健康主管部门的工作提出意见和建议，依法参与所在机构的民主管理"。本项是对《执业医师法》第21条第（七）项的延续。对所在医疗卫生机构的工作提出意见、依法参与所在机构的民主管理，是劳动者的基本权利之一，医师也不例外。〔2〕对卫生健康主管部门的工作提出意见是医师作为公民的宪法性基本权利。〔3〕对此，《基本医疗卫生与健康促进法》已有相应规定。〔4〕因

---

〔1〕《基本医疗卫生与健康促进法》第8条第2款规定："国家发展医学教育，完善适应医疗卫生事业发展需要的医学教育体系，大力培养医疗卫生人才。"第52条第1款规定："国家制定医疗卫生人员培养规划，建立适应行业特点和社会需求的医疗卫生人员培养机制和供需平衡机制，完善医学院校教育、毕业后教育和继续教育体系，建立健全住院医师、专科医师规范化培训制度，建立规模适宜、结构合理、分布均衡的医疗卫生队伍。"

〔2〕《劳动法》第8条规定："劳动者依照法律规定，通过职工大会、职工代表大会或者其他形式，参与民主管理或者就保护劳动者合法权益与用人单位进行平等协商。"《公司法》第18条第2款规定："公司依照宪法和有关法律的规定，通过职工代表大会或者其他形式，实行民主管理。"

〔3〕《宪法》第27条第2款规定："一切国家机关和国家工作人员必须依靠人民的支持，经常保持同人民的密切联系，倾听人民的意见和建议，接受人民的监督，努力为人民服务。"

〔4〕《基本医疗卫生与健康促进法》第97条规定："国家鼓励公民、法人和其他组织对医疗卫生与健康促进工作进行社会监督。任何组织和个人对违反本法规定的行为，有权向县级以上人民政府卫生健康主管部门和其他有关部门投诉、举报。"

此，第（六）项属于重复立法。

第（七）项为"法律、法规规定的其他权利"。相对于《执业医师法》，本项是新增规定，该兜底条款的增设，在立法技术上，体现了完整性。正如前述，本条应该规定的是医师的职业权利，但本条规定为"医师在执业活动中享有下列权利"，似乎包括医师的"职业权利"和"非职业权利"。但是，对于医师的非职业权利在《医师法》这部"职业法"中予以重复规定不但显得"例外"，而且难免挂一漏万。当然，从立法目的来看，本法也难以完成保护医师的非职业权利的任务。更重要的是，本项"法律、法规规定的其他权利"的表达，若指向医师的非职业权利，则体现了严重的私权"权利法定"的错误思想，导致的危险可能是因为立法参与者的疏漏未将某项权利（如生命权）规定在本法内，则医师的该项权利可能无法得到保护，对此，应当予以纠正。另外，本项规定"法律、法规规定的其他权利"，似乎还包括地方性法规所规定的权利。

第二十三条 医师在执业活动中履行下列义务：

（一）树立敬业精神，恪守职业道德，履行医师职责，尽职尽责救治患者，执行疫情防控等公共卫生措施；

（二）遵循临床诊疗指南，遵守临床技术操作规范和医学伦理规范等；

（三）尊重、关心、爱护患者，依法保护患者隐私和个人信息；

（四）努力钻研业务，更新知识，提高医学专业技术能力和水平，提升医疗卫生服务质量；

（五）宣传推广与岗位相适应的健康科普知识，对患者及公众进行健康教育和健康指导；

（六）法律、法规规定的其他义务。

【本条主旨】本条主要规定的是医师的职业义务。

与本法第 22 条类似，本条"医师在执业活动中履行下列义务"的表达，意味着不限于医师的职业义务。义务指向的是义务主体向另一主体为一定行为，因此，义务是有主体指向性的；没有主体指向性的，虽然称其为义务但实质上不属于部门法上的义务，空有其名而已。

第（一）项为"树立敬业精神，恪守职业道德，履行医师职责，尽职尽责救治患者，执行疫情防控等公共卫生措施"。本项综合了《执业医师法》第 22 条第（二）项"树立敬业精神，遵守职业道德，履行医师职责，尽职尽责为患者服务"之规定。从权利义务视角而言，本法第（一）项的内容可以直接表述为：履行救治患者的义务和执行公共卫生措施的义务，该义务的履行指向的分别是患者的就医权和《传染病防治法》等公共卫生法律赋予医师的职权。

第（二）项为"遵循临床诊疗指南，遵守临床技术操作规范和医学伦理规范等"。本项与《执业医师法》第 22 条第（一）项"遵守法律、法规，遵守技术操作规范"的规定有所不同，删除了"遵守法律、法规"，并将"遵守技术操作规范"修改为"遵循临床诊疗指南，遵守临床技术操作规范和医学伦理规范等"。[1]本项与《基本医疗卫生与健康促进法》

---

〔1〕《基本医疗卫生与健康促进法》第 43 条第 2 款规定："医疗卫生机构应当按照临床诊疗指南、临床技术操作规范和行业标准以及医学伦理规范等有关要求，合理进行检查、用药、诊疗，加强医疗卫生安全风险防范，优化服务流程，持续改进医疗卫生服务质量。"

第43条第2款对医疗卫生机构执业要求的规定是一致的，即"按照临床诊疗指南、临床技术操作规范和行业标准以及医学伦理规范等"。[1]本项规定是医师履行职业义务的标准，而不是职业义务本身。不过，立法者在本项区分"遵循"和"遵守"的意图不明。我国目前"诊疗规范"本身的规范性是亟待解决的问题。中华医学会发布的《制订/修订〈临床诊疗指南〉的基本方法及程序》是应对这一问题的积极尝试。

第（三）项为"尊重、关心、爱护患者，依法保护患者隐私和个人信息"。[2]医疗行为关涉患者生命健康利益，医患之间建立了特殊的职业上的信赖关系，诊断治疗措施的实施也将使医师更容易获知更多的患者隐私和个人信息，因此，法律对医师赋予了特定义务。《民法典》第四编人格权第六章专门规定，任何人均负有不侵犯他人个人隐私和个人信息的义务。如《民法典》第1032条第1款第二句规定："任何组织或者个人不得以刺探、侵扰、泄露、公开等方式侵害他人的隐私权。"《个人信息保护法》第2条亦规定："自然人的个人信息受法律保护，任何组织、个人不得侵害自然人的个人信息权益。"在医疗领域，医师对患者的隐私和个人信息，既负有的消极的"不侵害"义务，也负有积极的"保护"义务。

第（四）项为"努力钻研业务，更新知识，提高医学专

---

〔1〕 不过，《基本医疗卫生与健康促进法》第54条第1款规定："医疗卫生人员应当遵循医学科学规律，遵守有关临床诊疗技术规范和各项操作规范以及医学伦理规范，使用适宜技术和药物，合理诊疗，因病施治，不得对患者实施过度医疗。"第43条第2款、第54条第1款在此作出不同的规定，立法者的意图难以揣测。

〔2〕《基本医疗卫生与健康促进法》第33条第1款规定："公民接受医疗卫生服务，应当受到尊重。医疗卫生机构、医疗卫生人员应当关心爱护、平等对待患者，尊重患者人格尊严，保护患者隐私。"

业技术能力和水平，提升医疗卫生服务质量"。本项是对《执业医师法》第 22 条第（四）项"努力钻研业务，更新知识，提高专业技术水平"的规定的延续。然而，本项要求实际上是医师行使职业权利、履行职业义务的自身素养要求，并非医师的义务，立法者似乎不是从权利义务关系规范或者规则视角认识医师的义务，而是将义务在最广泛意义上使用，更接近伦理道德层面的"应当"。而《医师法》的读者们可能会进一步提出疑问：如果违反此项义务，相应的责任是什么呢？

第（五）项为"宣传推广与岗位相适应的健康科普知识，对患者及公众进行健康教育和健康指导"。《基本医疗卫生与健康促进法》第 67 条第 2 款第二句规定："医疗卫生人员在提供医疗卫生服务时，应当对患者开展健康教育。"因此，对患者而言，医师负有向其提供健康教育和健康指导的义务。但是，对"公众"而言，因并未与医师建立医疗服务合同关系，难谓医师亦负有该义务。比较而言，保留《执业医师法》第 22 条第（五）项"宣传卫生保健知识，对患者进行健康教育"的规定，更有可取之处。

第（六）项为"法律、法规规定的其他义务"，是兜底性条款。本项需要注意的是：将"地方性法规"作为医师职业义务法源的正当性问题。即使在"医师在执业活动中履行下列义务"语境下，地方性法规也不应与《立法法》"属于地方性事务需要制定地方性法规的事项"的规定相抵牾。

第二十四条　医师实施医疗、预防、保健措施，签署有关医学证明文件，必须亲自诊查、调查，并按照规定及时填写病历等医学文书，不得隐匿、伪造、篡改或者擅自销毁病历等医学文书及有关资料。

医师不得出具虚假医学证明文件以及与自己执业范围无关或者与执业类别不相符的医学证明文件。

【**本条主旨**】本条规定的是医师亲诊义务、医学文书/医学证明的如实书写义务。

本条第 1 款规定的是医师亲诊义务。医师亲诊义务亦称医师之亲自诊查义务，是指医师必须亲自为之，不得假手于他人，否则无从了解病人的真正情况而实现对症治疗，[1] 该义务是实施医疗、预防、保健措施的前提。因此，医师亲诊义务要求医师必须亲自了解患者病情，并以此为基础作出专业判断和专业处置。法律规定医师亲诊义务的正当性在于：一是基于疾病诊治的医疗服务具有高度的专业性，非该领域专业人员不能胜任，即使是医师也不能违反规定作出跨类别或与自己执业范围无关的判断。二是医学是实践科学和经验科学，难以通过知识的学习获得提供医疗服务的专业能力，除了医学知识外，实践操作技能是医疗服务能力的必备要素。三是疾病是发生变化的动态过程，对疾病的认识也应与此相适应，不能假借他医，同时，"时过境迁"，也是医师必须亲自诊查的内在根据之一。四是医学是也是人文学科，一方面，疾病信息的获得需要患者的"告知"和医师的"问诊"。另一方面，由于心理—精神—病理的关联性，医师的亲诊行为本身也是可获得疗效的治疗措施。因此，法律为医师设定了亲诊义务。不但实施医疗、预防、保健措施需要医师履行亲诊义务，医学证明文件、

──────────

〔1〕 刘跃挺："论刑法过失犯罪框架中的医疗行为与注意义务"，载《河北法学》2016 年第 9 期，第 120~144 页。

病历等医学文书的书写同样需要医师履行亲诊义务。

本条第1款最后一句和第2款规定的是"医学文书/医学证明的如实书写义务"。其内涵是：一是按照亲诊结果如实书写；二是按照所实施的医疗、预防、保健措施如实书写；三是按照法律的规定事项书写；四是按照法律规定的时限要求书写；五是不得隐匿、伪造、篡改或者擅自销毁所书写文件；六是不违反医师执业类别制度；七是不违反医师执业范围制度。

第二十五条　医师在诊疗活动中应当向患者说明病情、医疗措施和其他需要告知的事项。需要实施手术、特殊检查、特殊治疗的，医师应当及时向患者具体说明医疗风险、替代医疗方案等情况，并取得其明确同意；不能或者不宜向患者说明的，应当向患者的近亲属说明，并取得其明确同意。

【本条主旨】本条规定的是医师的说明义务和取得患者方同意的义务。

本条是对《执业医师法》第26条第1款"医师应当如实向患者或者其家属介绍病情，但应注意避免对患者产生不利后果"规定的进一步完善。在《执业医师法》之下，一方面，医师的告知义务的指向主体是患者或者其家属，但是如果二者皆可的话，必然会涉及对患者自我决定权的侵害，因为医疗的知情权和自我决定权的主体在于患者本人而非他人，特殊情况下，他人行使该项权利须有正当理由而且该正当理由已上升为法律规范的内容，否则有悖崇尚私权保护的现代法治精神。另一方面，"但应注意避免对患者产生不利后果"的规定，虽然赋予了医师较大的自由裁量权，但是并未明确该裁量权的边界，既不利于对患者权益的保护，也不利于对医师权益的保障。

自 2010 年 7 月 1 日起施行的《侵权责任法》（现已废止）对此有了较大幅度的修改，该法第 55 条第 1 款规定："医务人员在诊疗活动中应当向患者说明病情和医疗措施。需要实施手术、特殊检查、特殊治疗的，医务人员应当及时向患者说明医疗风险、替代医疗方案等情况，并取得其书面同意；不宜向患者说明的，应当向患者的近亲属说明，并取得其书面同意。"根据该条规定：第一，医师的说明义务的内容首先是"病情和医疗措施"。第二，需要实施手术、特殊检查、特殊治疗的，还要说明"医疗风险、替代医疗方案等情况"，取得患者本人的书面同意。第三，对需要实施手术、特殊检查、特殊治疗的患者，不宜向患者说明的，应当向患者的近亲属说明，并取得其书面同意。《侵权责任法》的该条规定并非没有疑义：一是第二句以分号为界的两个半句，"不宜向患者说明的"似乎仅限于"需要实施手术、特殊检查、特殊治疗"的患者，对于其他则不适用，但是在具体的境遇中，该句适用可能存在问题，如对难以实施医疗措施的终末期患者，是直接向患者说明吗？法条的读者已有自己的价值判断，但是该价值判断不能代替法律规范的明确规定。因此，就说明义务而言，该句完整的表达应该是"医务人员在诊疗活动中应当向患者说明病情和医疗措施，不宜向患者说明的，应当向患者的近亲属说明"。二是所谓"不宜向患者说明的"，"不宜"的标准是什么，该法没有规定，其他相关法律，乃至行业规范均未对此作出应答，这给临床实践带来了难题。为应对、避免此条规范的法律风险，医疗机构可采取一律实行由患者授权委托的医疗代理人方式，但是这无疑增加了医患双方的成本，也有侵害患者知情权和自我决定权之嫌疑。

《民法典》基本上吸纳了《侵权责任法》的主要内容，但是就医师的说明义务和取得患者方同意的义务规范有所不同。[1]不同之处在于：第一，说明义务的要求不同。《民法典》特别要求，医务人员应当及时向患者"具体"说明医疗风险、替代医疗方案等情况。第二，取得患者方同意的义务的要求不同。《侵权责任法》要求"取得其书面同意"，《民法典》则要求"并取得其明确同意"，"书面同意"是同意的方式问题，而"明确同意"则是同意的确定性问题。第三，向患者近亲属说明的前提也不同。《侵权责任法》为"不宜"向患者说明，《民法典》为"不能或者不宜"向患者说明。《民法典》对《侵权责任法》的修改似乎不能说是进步或者完善，因为，从《侵权责任法》的体系解释即可解决相关问题。

实际上，自2020年6月1日施行的《基本医疗卫生与健康促进法》对此也有类似规定。需要注意的是：该法第32条第1款规定："公民接受医疗卫生服务，对病情、诊疗方案、医疗风险、医疗费用等事项依法享有知情同意的权利。"该款明确要求"医疗费用"为患者知情同意的权利内容。这也许是《医师法》第25条第一句将"其他需要告知的事项"规定为医师告知义务内容的原因。但是，医师履行告知义务的目的并非医师自身"需要"而是患者"需要"，因此，"其他需要告知的事项"应该修改为"其他应当告知的事项"。进一步而言，"其他需要告知的事项"的范围尚不明确。除了现有法律有明确规定外（如《基本医疗卫生与健康促进法》所要求的

----

〔1〕《民法典》第1219条第1款规定："医务人员在诊疗活动中应当向患者说明病情和医疗措施。需要实施手术、特殊检查、特殊治疗的，医务人员应当及时向患者具体说明医疗风险、替代医疗方案等情况，并取得其明确同意；不能或者不宜向患者说明的，应当向患者的近亲属说明，并取得其明确同意。"

"医疗费用"），应当将"其他需要告知的事项"作为医患双方自由约定的内容（如医师团队成员、医疗美容效果等），如医疗服务合同无特别约定，则不应课以医师过多的义务。

第二十六条　医师开展药物、医疗器械临床试验和其他医学临床研究应当符合国家有关规定，遵守医学伦理规范，依法通过伦理审查，取得书面知情同意。

【本条主旨】本条是对医师开展医学临床研究的规范。

首先，应当区分"医学临床研究"和"实验性临床医疗"。本书认为，二者至少存在以下不同：第一，本质不同。医学临床研究本质上是医学研究，而实验性临床医疗的本质却是医疗。第二，患者主要目的不同。医学临床研究中患者的主要目的是参与研究，而实验性临床医疗中患者的主要目的是治病。虽然有时二者存在一定程度的交叉，但法律对二者的要求不同。若以上划分和区别的观点成立，则《执业医师法》第26条第2款规定"医师进行实验性临床医疗，应当经医院批准并征得患者本人或者其家属同意"对临床实践和患者医疗需求而言具有重要的现实意义。但是，立法者在《医师法》的制定过程中，有意删除了草案第27条第2款"医师进行医学研究和试验性临床医疗，应当符合国家有关规定并征得患者或者其近亲属明确同意"的规定，或许立法者认为"医学临床研究"和"实验性临床医疗"具有同一性，但这不但与现实不符，在规范上也难以实现统一。

其次，医学临床研究的种类包括药物临床试验、医疗器械临床试验和其他医学临床研究。《基本医疗卫生与健康促进法》第32条第3款对此规定："开展药物、医疗器械临床试验和其他医学研究应当遵守医学伦理规范，依法通过伦理审查，取得知情同意。"《医师法》第26条与其不同的是：①强调"符合国家有关规定"，更具有完整性；②将《基本医疗卫生与健康促进法》规定的"其他医学研究"修改为"其他医学临床研究"。实际上，从《基本医疗卫生与健康促进法》第32条（共计三款）的整体来看，其限定是"公民接受医疗卫生服务"时，则其"其他医学研究"应是"其他临床医学研究"，表述更为准确。

最后，本条要求医师开展医学临床研究应当符合国家有关规定，遵守医学伦理规范，依法通过伦理审查，取得书面知情同意。这在立法技术上也稍有不足：一是"取得书面知情同意"的权利主体阙如；二是"符合国家有关规定"本身就包含了"取得书面知情同意"的内容要求，可谓重复立法。

第二十七条 对需要紧急救治的患者，医师应当采取紧急措施进行诊治，不得拒绝急救处置。

因抢救生命垂危的患者等紧急情况，不能取得患者或者其近亲属意见的，经医疗机构负责人或者授权的负责人批准，可以立即实施相应的医疗措施。

国家鼓励医师积极参与公共交通工具等公共场所急救服务；医师因自愿实施急救造成受助人损害的，不承担民事责任。

【本条主旨】本条规定的是医师的紧急救治义务、紧急干预权。

对于医师的紧急救治义务，《执业医师法》第24条规定："对急危患者，医师应当采取紧急措施进行诊治；不得拒绝急救处置。"《医师法》本条第 1 款规定的"需要紧急救治的患者"相对于《执业医师法》"急危患者"更具有涵盖性和合理性，如"重症患者"超过了《执业医师法》第 24 条的最大文意射程。

第 2 款为"因抢救生命垂危的患者等紧急情况，不能取得患者或者其近亲属意见的，经医疗机构负责人或者授权的负责人批准，可以立即实施相应的医疗措施"。该款是医师紧急干预权的规范基础，与《民法典》第 1220 条的规定一致。此处需要解释的是：

第一，"紧急情况"包括"因抢救生命垂危的患者"，但不限于此，应当从患者生命和健康视角理解，而不是限于"生命"。

第二，该"意见"包括了"表示同意的意见"和"表示不同意的意见"，并不限于患者"表示同意的意见"；无论是"表示同意的意见"还是"表示不同意的意见"，若已取得，则无医师紧急干预权的适用余地。

第三，规定"经医疗机构负责人或者授权的负责人批准"作为医师紧急干预权行使条件的目的在于通过医疗机构内部管理活动规范医师的权利行使，保障患者的生命健康利益、知情权和自我决定权。

第四，立法者规定医师紧急干预权的正当性在于：在"生命垂危"等特殊情况下，被立法者所代表的民众通常会同意医师适当的紧急医疗措施。因此，在对医师紧急干预权有程序性规制的情况下，法律基于此"推定"授权医师对特定患者实施紧急医疗措施。

第五，"医疗机构负责人"不难理解。但"授权的负责人"则需注意，通常而言，医疗机构内分管医务的负责人、主管医务的部门负责人或者其他临时负责人（如"总值班"），均属此例。

第六，所谓"可以立即实施相应的医疗措施"之"可以"，具有权利义务复合性，即此处的"可以"既意味着医师有权采取相应的医疗措施，也意味着医师应当行使紧急医疗干预权以保护患者生命健康。

第3款为"国家鼓励医师积极参与公共交通工具等公共场所急救服务；医师因自愿实施急救造成受助人损害的，不承担民事责任"。对此款如何理解无不存在疑问：是对"医师执业行为"的免责，还是因个人具有"医师职业身份"的免责？作为"职业法"的《医师法》，规定该条款，自前者意义上理解似乎并无不当。但是，一方面，医师执业实际上在《执业医师法》实施以来，从未脱离过"单位人"的身份，《医师法》下亦是如此；既然是医疗机构的行为，此处规定（医师）不承担民事责任，则不应理解为对"医师执业行为"的免责。另一方面，考察立法者的"立法的目的、原则和原意"，可为准确理解本款提供依据。2021年6月7日，《全国人民代表大会宪法和法律委员会关于〈中华人民共和国医师法（草案）〉修改情况的汇报》称宪法和法律委员会经研究建议"明确国家鼓励医师和其他医疗卫生人员积极参与公共场所急救服务"。2021年8月17日，《全国人民代表大会宪法和法律委员会关于〈中华人民共和国医师法（草案）〉审议结果的报告》再次提到"有的常委会组成人员、地方提出，为了鼓励医师积极参与公共场所的救治活动，应当对参与救治的医师予以免责。宪法和法律委员会经研究，建议根据民法典有关规定，明确医师在公共场所因自愿实施急救造成受助人损害的，不承担民事责任"。因此，本条第 3 款应当解释为：因个人具有"医师职业身份"的免责。也就是说，本款完全来源于《民法典》第 184 条。[1]但是，本书认为，此款不构成重复立法，其"源于《民法典》但高于民法典"。因为具有"医师职业身份"的个人显然较不具有"医师职业身份"的个人更有救治能力，其实施的紧急救助更具有救治效果。如此一来，本款更具有实践意义。但是"不承担民事责任"仅仅是最低限度，"国家鼓励"更为关键。因此，本款发挥实际效用的关键还在于：第一，鼓励措施和鼓励程度；第二，为保障本款立法目的的实现，在具体的紧急救助实践中，不具有"医师职业身份"的个人应当让位于具有"医师职业身份"的个人施救。

第二十八条　医师应当使用经依法批准或者备案的药品、消毒药剂、医疗器械，采用合法、合规、科学的诊疗方法。

除按照规范用于诊断治疗外，不得使用麻醉药品、医疗用毒性药品、精神药品、放射性药品等。

【本条主旨】本条规定的是医师使用药品、消毒药剂、医疗器械、诊疗方法的要求。

本条源于《执业医师法》第 25 条"医师应当使用经国家有关部门批准使用的药品、消毒药剂和医疗器械。除正当诊断治疗外，不得使用麻醉药品、医疗用毒性药品、精神药品和放射性药品"的规定。

----

[1]《民法典》第 184 条规定："因自愿实施紧急救助行为造成受助人损害的，救助人不承担民事责任。"

本条第 1 款与《执业医师法》不同的是：

第一，本款增设"备案"，旨在和《药品管理法》《传染病防治法》《医疗器械监督管理条例》等法律法规保持一致。

第二，增设"采用合法、合规、科学的诊疗方法"。在此，需要重点说明的是：一是关于"合法""合规"。我国对诊疗方法实际采取的是许可制度。我国首次出台的规定医疗技术许可制的法律规范是《医疗纠纷预防和处理条例》。《医疗纠纷预防和处理条例》第 11 条规定："医疗机构应当按照国务院卫生主管部门制定的医疗技术临床应用管理规定，开展与其技术能力相适应的医疗技术服务，保障临床应用安全，降低医疗风险；采用医疗新技术的，应当开展技术评估和伦理审查，确保安全有效、符合伦理。"《医疗技术临床应用管理办法》在《医疗纠纷预防和处理条例》的基础上将技术分为禁止类技术、限制类医疗技术和医疗机构自我管理类医疗技术。其后，《基本医疗卫生与健康促进法》第 44 条第 1 款规定："国家对医疗卫生技术的临床应用进行分类管理，对技术难度大、医疗风险高，服务能力、人员专业技术水平要求较高的医疗卫生技术实行严格管理。"因此，医师开展诊疗应当采取合法、合规的医疗技术。二是关于"科学"。我们显然不能以"自然科学"之"科学"来判断诊疗方法。自然科学和社会科学具有不同的旨趣，可以认为，自然科学致力于通过揭示来寻求真伪，社会科学致力于通过描述来考虑有效性问题。[1]进一步而言，就医疗卫生的目的，无论采取何种方式，最终追求的都是"有效性"。实际上，《基本医疗卫生与健康促进法》

---

[1] 王赟："自然科学与社会科学：历史方法的必要性"，载《广东社会科学》2021 年第 1 期，第 195~205 页。

也将"科学"作为医疗卫生技术临床应用的原则。[1]

本条第 2 款与《执业医师法》不同的是：第一，将"除正当诊断治疗外"修改为"除按照规范用于诊断治疗外"。第二，增加"等"字。麻醉药品、医疗用毒性药品、精神药品、放射性药品由于其在保管、运输、使用方面的特殊危险性，国家实行特殊管制，分别由《麻醉药品和精神药品管理条例》《医疗用毒性药品管理办法》《放射性药品管理办法》等法律、法规、规章专门规制。但《医师法》在此增加"等"的意图尚不明确。实际上，作为依许可开展的医师执业行为，其本身除了各种技术规范，还有"医疗服务法""医疗产品法"等多种法律规范。因此，本款仅具有宣示意义，有无此款，对医师执业均无利害影响。

需要特别注意的是：还有一种药品既不属于依"批准"范围，也不属于依"备案"范围，即"个人自用携带入境少量药品"。依据《药品管理法》第 65 条第 2 款"个人自用携带入境少量药品，按照国家有关规定办理"之规定，《药品进口管理办法》第 39 条第 3 款进一步要求"进出境人员随身携带的个人自用的少量药品，应当以自用、合理数量为限，并接受海关监管"。实践中，"在个人携带自用药品进境过程中，应携带好正规医疗机构出具的医疗诊断书，以证明其确因个人身体需要，海关可凭医生有效处方原件确定携带药品的合理数量"。[2]例

---

〔1〕《基本医疗卫生与健康促进法》第 44 条第 2 款规定："医疗卫生机构开展医疗卫生技术临床应用，应当与其功能任务相适应，遵循科学、安全、规范、有效、经济的原则，并符合伦理。"

〔2〕"药品入境需遵规 大连周水子机场海关连续查获违规进境处方药"，载http://www.customs.gov.cn/customs/xwfb34/302425/sygdtp/3249405/index.html，访问日期：2021 年 8 月 28 日。

如，在博鳌乐城国际医疗旅游先行区，实行"一人一院一药一方"，一个病人需要用什么药就开什么药，自用量是多少就开多少，在初始阶段慢性病人的用药量考虑不超过一个月。[1]

第二十九条 医师应当坚持安全有效、经济合理的用药原则，遵循药品临床应用指导原则、临床诊疗指南和药品说明书等合理用药。

在尚无有效或者更好治疗手段等特殊情况下，医师取得患者明确知情同意后，可以采用药品说明书中未明确但具有循证医学证据的药品用法实施治疗。医疗机构应当建立管理制度，对医师处方、用药医嘱的适宜性进行审核，严格规范医师用药行为。

【本条主旨】 本条规定的是医师用药原则、规范、说明书外用药规范。其中，"说明书外用药规则"是本法的又一重大创新。

本条第1款为"医师用药原则、规范"。《基本医疗卫生与健康促进法》确立了"保障药品的安全、有效、可及"的总

---

〔1〕 在博鳌乐城国际医疗旅游先行区，海南省人民政府将从园区、医院和医生三个层面加强对合理自用进口药品的监管。一是在园区政府层面，将创新机制，建立"二合一"的医疗和药品监管体制。目前一个医疗行为涉及卫生健康和药品监管两个监管体系，隶属于两个不同的政府部门。沈晓明表示，在先行区，我们将试行将两支队伍合成一支队伍，变两顶"大盖帽"为一顶"大盖帽"，对医疗行为和药品实行综合监管。他还指出，这是一个有益的尝试，将极大提高监管效率。这项改革和市场监管"三合一"改革有同样重大的意义。二是在医院层面，将建立信息化系统平台，实现这些特殊药品来源可追溯、去向可查证、行为可留痕、责任可追究。三是在医生层面，加强处方管理，实行"一人一院一药一方"，一个病人需要用什么药就开什么药，自用量是多少就开多少，在初始阶段慢性病人的用药量考虑不超过一个月。此外，更重要的是，将通过信息系统，把政府层面的监管、医院层面的监管和医生层面的监管连接起来，医生在网上开方，医院在网上审方，政府在网上核方，这样医生、医院和政府相关部门的公职人员都接触不到药品，避免药品被非法带到不用药的病人那儿，或者被非法带出医院。

原则。〔1〕《药品管理法》第72条第1款进一步规定："医疗机构应当坚持安全有效、经济合理的用药原则，遵循药品临床应用指导原则、临床诊疗指南和药品说明书等合理用药，对医师处方、用药医嘱的适宜性进行审核。"医师是医疗机构内的主要医务专业群体。处方权是医师的专有权力。〔2〕因此，《基本医疗卫生与健康促进法》《药品管理法》等法律法规关于医疗机构用药原则、规范的规定主要适用于医师。

本款需要关注两个问题：

第一，用药原则。本法将"安全有效、经济合理"作为用药原则，而且，其未使用"安全、有效、经济、合理"的表述，足见立法者认为，安全性和有效性直接关联，经济性和合理性直接关联，但不尽然。因此，"安全有效、经济合理"作为用药原则，在法律适用上，应根据个案进行具体认定。

第二，用药规范。本法要求医师在用药时"遵循药品临床应用指导原则、临床诊疗指南和药品说明书等"，即用药规范包括："药品临床应用指导原则"〔3〕"临床诊疗指南""药品说明书"等。关于"药品临床应用指导原则"，国家卫生健康主管部门委托学术团体和行业组织分别制定了《抗菌药物临床应用指导原则》《糖皮质激素类药物临床应用指导原则》《精

---

〔1〕《基本医疗卫生与健康促进法》第58条规定："国家完善药品供应保障制度，建立工作协调机制，保障药品的安全、有效、可及。"

〔2〕《执业医师法》是《乡村医生从业管理条例》的直接上位法，《乡村医生从业管理条例》规定的"乡村医生"的处方权，也应属于"医师处方权"。从这个意义上来说，《医师法》将医师二分为执业医师和执业助理医师存在不周延的问题。

〔3〕此处的指导原则既包括用药的技术性原则，也包括技术性规范，且主要是技术性规范。

神药品临床应用指导原则》《麻醉药品临床应用指导原则》
《中成药临床应用指导原则》等。关于"临床诊疗指南",主
要有人民卫生出版社出版的《临床诊疗指南》,〔1〕以及其他若
干专项指南,如胃癌诊疗指南、直肠癌诊疗指南、结肠癌诊疗
指南、乳腺癌诊疗指南、宫颈癌诊疗指南等。〔2〕再者,"药品
说明书"是药品的法定必备文件,应当注明药品的通用名称、
成分、规格、上市许可持有人及其地址、生产企业及其地址、
批准文号、产品批号、生产日期、有效期、适应证或者功能主
治、用法、用量、禁忌、不良反应和注意事项,〔3〕包含药品
安全性、有效性的重要科学数据、结论和信息,用以指导安
全、合理使用药品。〔4〕除了"药品临床应用指导原则、临床
诊疗指南和药品说明书",医师用药还应当遵循《中华人民共
和国药典》等技术规范。因此,本法延续《药品管理法》的
规定使用"等"字。本款适用还需要注意两个"合理":从语

---

〔1〕《卫生部、国家中医药管理局、总后卫生部关于应用〈临床诊疗指南〉
的通知》(卫医发〔2006〕139号),载 http://www.nhc.gov.cn/bgt/pw10608/
200702/d3dbd7c934f74ad7bd0f244599798270.shtml,访问日期:2021年8月28日。
〔2〕《国家卫生和计划生育委员会关于印发胃癌等五种恶性肿瘤规范化诊疗
指南的通知》(卫办医管发〔2013〕33号),载 http://www.nhc.gov.cn/yzygj/
s3593/201307/fc53d71c058a423ba53bd6d8f593a0e5.shtml,访问日期:2021年8月28
日。
〔3〕《药品管理法》第49条第2款规定:"标签或者说明书应当注明药品的
通用名称、成份、规格、上市许可持有人及其地址、生产企业及其地址、批准文
号、产品批号、生产日期、有效期、适应症或者功能主治、用法、用量、禁忌、
不良反应和注意事项。标签、说明书中的文字应当清晰,生产日期、有效期等事
项应当显著标注,容易辨识。"
〔4〕《药品说明书和标签管理规定》第9条规定:"药品说明书应当包含药
品安全性、有效性的重要科学数据、结论和信息,用以指导安全、合理使用药
品。药品说明书的具体格式、内容和书写要求由国家食品药品监督管理局制定并
发布。"

言逻辑来看，第一个"合理"是用药原则，第二"合理"是对医师遵循用药原则、规范的结果评价。因此，本书认为，《药品管理法》第 72 条第 1 款后半句所使用"适宜性"更为准确。

本条第 2 款第一句是本法的重大创新和突破。说明书外用药，也称"超药品说明书用药"（off-label drug use，OLDU），是指临床实际使用药品的用法、用量或适应证不在具有法律效力的说明书规定范围内，包括年龄、性别、适应证、适应人群、给药剂量、给药频次、给药途径等，因而又称超范围用药或药品说明书之外的用法。[1]"药品未注册用法"具有其存在的合理性和不可替代性，全球有多个国家已经对其立法，包括美国、德国、意大利、日本、荷兰和新西兰等。[2]

业界专家对我国说明书外用药进行了较为全面的文献研究，该研究显示：全面系统检索主要中文数据库中有关我国超药品说明书用药调查的研究，采用 STATA13.0 软件对超药品说明书用药的原因进行合并分析，并对不同级别与类型医院、不同科室和不同类型药物等进行亚组分析。结果：共纳入 63 个研究，Meta 分析结果显示，不同级别（三级医院和二级医院）和类型医院（综合医院和专科医院）、不同科室、门诊和住院患者、不同类药物均存在超药品说明书用药，且超药品说明书用药情况略有不同。结论：超药品说明书用药在不同级别医院均存在，且呈现了不同程度的差异，目前最紧迫的工作是

---

〔1〕 王莹等："超药品说明书用药情况的循证评价"，载《中国药物评价》2016 年第 5 期，第 436~439 页。

〔2〕 杨敏、劳海燕、曾英彤："医疗机构超药品说明书用药管理专家共识"，载《中国现代应用药学》2017 年第 3 期，第 436~438 页。

规范临床超药品说明书用药，促进临床合理用药。[1]

在规范层面，早在 2010 年，广东省药学会就发布了《药品未注册用法专家共识》（粤药会［2010］8 号），[2]这是国内首次就说明书外用药进行规范，也是第一部由学术团体发布的说明书外用药规范。2021 年 6 月 23 日，广东省药学会再次发布《超药品说明书用药目录（2021 年版新增用法）》。[3]山东省药学会循证药学专业委员会也在 2021 年 6 月发布了《山东省超药品说明书用药专家共识（2021 年版）》，该共识开宗明义称"为进一步规范超药品说明书用药的管理，更好地协助省内各医疗机构备案药品超说明书使用，促进合理用药，由山东省药学会循证药学专业委员会组织有关专家编写了《山东省超药品说明书用药专家共识（2021 年版）》（以下简称《共识》），旨在以充分循证医学证据为基础，规范药品超说明书使用，加强药学监督管理，降低医疗机构及医务人员的执业风险，为提高药品治疗有效性、安全性提供循证参考依据"。[4]

以上论述只是阐明了说明书外用药具有正当性，但却没有解决合法性问题。

在国家层面，首次提到说明书外用药规范性问题的是国家

---

[1] 王莹等："超药品说明书用药情况的循证评价"，载《中国药物评价》2016 年第 5 期，第 436~439 页。

[2] "药品未注册用法专家共识"，载 http://www.sinopharmacy.com.cn/download/1.html，访问日期：2021 年 8 月 28 日。

[3] 广东省药学会、中山大学孙逸仙纪念医院："超药品说明书用药目录（2021 年版新增用法）"，载《今日药学》2021 年第 11 期，第 801~810 页。

[4] 侯宁："山东省超药品说明书用药专家共识（2021 年版）"，载《临床药物治疗杂志》2021 年第 6 期，第 9~40 页。

卫生健康委于 2020 年 10 月 2 日发布的《传染病防治法》（修订草案征求意见稿）。该征求意见稿第 64 条规定："因重大传染病防治紧急需要，经国务院卫生健康主管部门提出建议并经国家药品监督管理部门组织论证同意后，医师可以采用药品说明书以外的用法进行医疗救治，但应当限定其用法在一定期限和范围内使用。"但是，该征求意见稿规范还存在以下问题：

第一，适用条件。其对药品说明书以外的用法限于"重大传染病防治紧急需要"。实际上，在非"重大传染病防治紧急需要"的日常临床实践中，药品说明书外用药更加必要和常见。

第二，程序要求。"经国务院卫生健康主管部门提出建议并经国家药品监督管理部门组织论证同意"，从患者个人医疗需求而言，该程序要求难以满足及时性和针对性。

第三，适用范围。限定其用法在一定期限和范围内使用。

以上三点规范要求体现了立法者对说明书外用药的谨慎态度，但却与临床实践需要、患者健康需求不相匹配，因而也反映出法律制度的供给不足。更为重要的是，该条规范没有明确"经国务院卫生健康主管部门提出建议并经国家药品监督管理部门组织论证同意"的对象和根据。也许，立法者已经认识到说明书外用药实际上不是《传染病防治法》所应承担的规范责任，于是，本款第一句"在尚无有效或者更好治疗手段等特殊情况下，医师取得患者明确知情同意后，可以采用药品说明书中未明确但具有循证医学证据的药品用法实施治疗"的出台乃立法者顺势而为的立法创新成果。对此，我们需要作以下解读，以便临床实践，乃至进一步通过立法方式健全说明书外用药制度。

第一，适用前提："在尚无有效或者更好治疗手段等特殊情况下"。具体来说，"等特殊情况"的内涵和外延需要立法者进一步明确。对于"尚无有效治疗手段""尚无更好治疗手段"所针对的对象，由于"疾病""病因""症状"均在本款文意射程之内，到底指向何处并不明确。"更好"的标准更是疑问重重。在尚无有效或者更好"诊断"手段时，是否能够适用本款？不过，本句末"实施治疗"文意确切，即限于"治疗"，而诊断用药除外。

第二，调整对象：药品说明书中未明确的药品"用法"。何为"用法"？《药品管理法》第49条第2款规定，"标签或者说明书应当注明药品的通用名称、成份、规格、上市许可持有人及其地址、生产企业及其地址、批准文号、产品批号、生产日期、有效期、适应症或者功能主治、用法、用量、禁忌、不良反应和注意事项……"具体来说，"用法"是指"该药品的用药方法，如口服、皮下注射、肌内注射、静脉注射、静脉滴注、外用、喷雾吸入、肛门塞入等"。[1]因此，"用法"的法定内涵实质上是"给药途径"，不包括"适应症""功能主治"等。如果按此法定内涵理解适用《医师法》本句规定，则一方面立法没有必要用专条解决，另一方面，与临床实践中的"说明书外用药"基本不一致，或者说，本句立法未能为"说

---

〔1〕《化学药品说明书规范细则（暂行）》（国药监注〔2001〕294号，已废止）规定："〔用法用量〕用药方法与用药剂量是安全、有效用药的重要基础，本项目的内容既要尽量详细，又要有较高的可读性及可操作性。应明确、详细地列出该药品的用药方法，如口服、皮下注射、肌内注射、静脉注射、静脉滴注、外用、喷雾吸入、肛门塞入等。尤其是不同适应证需采用不同的用药方法者，须分别列出，以免误用。对于某些特殊的制剂，如注射用无菌粉末、喷雾剂、阴道栓剂等，应详细地列出其应用方法。……"

明书外用药"临床实践的技术正当性提供法律根据。如是，今后除"给药途径"外，其他"说明书外用药"仍属违法，应当取缔，但背离了临床实践需求和立法本意。

第三，适用根据："循证医学证据"。"循证医学证据"（Evidence-Based Medicine）原意是指基于证据基础之上的医学，医师搜集单个患者诊疗方案、结果跟踪形成大量的医疗数据，用软件记载、分析、形成研究报告论文，回溯诊疗方法的无效、有效以及效果评价，指引辨析、修正诊疗方法，最终形成某疾病的"诊断治疗模式"。[1]域外学者提出了循证医学证据适用于医师临床决策中的5个重要理念：①临床决策应建立在可取得的最佳的科学实证基础上；②从临床上的问题去思考应采用哪种形态的实证文献；③应以流行病学和生物统计的思考方式去界定什么是好的实证；④当实证研究经过界定与批判性评论，认为在诊疗病患与医疗照护的决策是有用的，才能下结论；⑤应持续评估临床操作上的表现。同时，他们又提出了循证医学证据适用于临床决策的5个步骤：①提出可回答的临床问题；②搜寻最佳实证文献资料；③谨慎的文献评读；④临床应用；⑤评估改善。[2]但是，我国现行法尚无循证医学证据的业界共识，更无法律概念。更有哲学界对此表达了疑问：循证医学深藏着工具理性主义的导向，其特征是工具理性过度膨胀，价值理性相对缺失，实质合理性与形式合理性二者不平

[1] 陈玉玲："循证医学证据在处理医疗侵权案中的适用"，载《东南大学学报（哲学社会科学版）》2016年第2期，第75~82页。

[2] 古秋菊："实证医学对医疗过失诉讼的影响——从民事举证法则的衡平切入探讨"，东吴大学2006年博士学位论文，转引自陈玉玲："循证医学证据在处理医疗侵权案中的适用"，载《东南大学学报（哲学社会科学版）》2016年第2期，第75~82页。

衡发展。因此，循证医学面临一些方法论难题：一是忽略了证据本身的差异性和不可通约性，不能实现对不同来源证据的评价、评级和整合；二是把技术的规范性和程序性抬到了过高的位置，而忽略了医学本身的复杂性和医疗体验的重要性。工具理性主义主导下的循证医学预设了一种机械观的世界图景，这实际上形成了某种绝对主义和技术至上，导致了某种"循证霸权"和"循证僵化"，减少甚至杜绝了哲学反思和人文情怀进入诊疗过程的契机，造成了循证医学发展的现实困境。[1]个中担忧不无道理。立法的目的即在于从制度上解除此类隐忧，但是《医师法》的立法者似乎没有给出对此问题的解决框架。

第四，适用风险。本法将"说明书外用药"的主导权交予医师，并由医师和患者共同决策，似乎是赋予了医师足够的专业权力。但是，该权力仅受制于目前尚无定则的"循证医学证据"和"无知情基础"的患者自主决定权，似乎又有脱缰之嫌。

综上，"说明书外用药"规范虽然回应了临床实践和患者医疗需求，但是，立法者最后的立法文本确实"心口不一"，体现出立法仓促和立法者吸收医疗实务界智慧的不足。木已成舟，如何解除本款创新之意外祸患，还需立法者自答其真意。

第三十条 执业医师按照国家有关规定，经所在医疗卫生机构同意，可以通过互联网等信息技术提供部分常见病、慢性病复诊等适宜的医疗卫生服务。国家支持医疗卫生机构之间利

---

〔1〕 谢瑜："循证医学中的工具理性主义导向及其困境"，载《自然辩证法研究》2019 年第 11 期，第 57~61 页。

用互联网等信息技术开展远程医疗合作。

【本条主旨】 本条规定的是远程医疗服务、远程医疗合作。

《基本医疗卫生与健康促进法》第 49 条第 3 款规定："国家采取措施，推进医疗卫生机构建立健全医疗卫生信息交流和信息安全制度，应用信息技术开展远程医疗服务，构建线上线下一体化医疗服务模式。"但是，该法仅为进一步立法或制定措施作出了承诺，并未对远程医疗配置进行具体的规范。《医师法》本条第一句的规定恰好是对《基本医疗卫生与健康促进法》该项承诺的践行，为医师开展远程医疗提供了法律依据。本句规定需要解决以下几个问题：

第一，医师远程医疗服务和医师亲诊义务之间的关系问题。本法第 24 条规定了医师亲诊义务。那么，实施医师远程医疗是否就否定了医师亲诊义务，或者远程医疗服务和医师亲诊义务是否互不相容？法律规定医师亲诊义务的目的在于：首先，保障医师能够获得准确的疾病诊疗所需的信息。由于疾病的复杂性、动态性，医学的专业性、患者自我判断的主观性等因素往往导致医师非经亲自诊查难以获得该等信息，因此需要医师实施亲自诊查；如果非经医师亲自诊查也能获得该等准确的疾病诊疗所需的信息，则亲自诊查即非必要。其次，"亲诊义务"的内涵并不限于"诊查"，还应包括亲自实施"治疗"。因此，"亲诊义务"的内涵实际为"亲自诊疗义务"。考察治疗行为发现，采取治疗措施同样可以细分为两类：一是患者自我采取治疗措施；二是由医师（或医师团队）采取治疗措施。若医师亲自实施治疗并非必要，则"亲自诊疗义务"也非适用于所有医疗领域。再次，医疗服务很大程度上是"团体服务"，团体成员之间的专业合作，对医师个体亲自诊查、亲自治疗开拓了延伸空间。更为重要的理由是：所谓由医师个体完全实施亲自诊查、亲自治疗，既无必要，也无现实可能。最后，远程超声检查、远程达芬奇手术等通过信息网络技术、人工智能由医师远程开展可接触式诊断、治疗，在部分医疗服务项目上实现了与传统医患时空同在诊疗过程等同的功能，且随着相关技术的协同发展，可服务范围越来越广。这也为远程医疗服务提供了技术上的可行性。因此，医师亲诊义务和远程医疗服务具有相当的相容性。

第二，远程医疗服务适用的范围。医师亲诊义务和远程医疗服务具有相当的相容性，但是该两项制度的发展历史和现状告诉我们，其相互之间必然存在不相容的部分。问题在于：哪些诊疗行为必须由医师个体亲自完成，哪些诊疗行为可以通过专业团体成员的行为完成，又有哪些诊疗行为可以交由患者自主完成或协助完成，尚未划定界限。对此，一部分应当是立法者应该承担的职责，另一部分只能在基本原则之下，由临床实践、管理实践、司法实践在个案中具体解决。《医师法》本句规定"部分常见病、慢性病复诊等适宜的医疗卫生服务"。从本句表达来看，开展远程医疗服务必须在监管之下，但是，该监管首先应当是规范性监管，如此，何种医疗卫生服务"适宜"于以远程医疗方式提供，应该纳入审批事项。法治政府建设的要求，必然需要将该审批事项纳入行政许可事项，于是政府对远程医疗的监管应当按照《行政许可法》等规定设定、实施行政许可，而不是通过非法律性质的规范性文件实施非行政许可性质的审批。如果该结论可以成立，则国家卫生健康委员会、国家中医药管理局制定的《互联网诊疗管理办法（试行）》《互联网医院管理办法（试行）》《远程医疗服务管理规范（试行）》则不符合法治要求，应当在此基础上总结实践经验制定《立法》意义上的法律。

第三，医疗卫生机构的职责。如上所述，自《执业医师法》实施以来，医师从未脱离"单位人"的身份，其执业许可和执业活动必须依托单位组织，一方面这是监管的需要，更为重要的原因是医疗服务的提供需要专门的设施、设备、特定环境和专业团队等综合支持。因此，无论是医师在医疗卫生机构内"坐堂接诊"还是远程提供医疗服务，只是提供医疗服务的方式问题，其依然离不开医疗卫生机构这一组织，而且可以预见的是：在智能医疗越发精进的情况下，未来医师开展医疗服务，这种组织依赖性比以往更加紧密。但是，①在现行法律制度下，医师的执业类别、执业范围受制于医疗卫生机构已经获得行政许可的"诊疗科目"。②"医疗卫生机构"实质上可以被界定为"以医师为主的依法自我管理的专业团体"，哪位医师可以开展何种"适宜"的医疗卫生服务很大程度上取决于医疗卫生机构的自我认定和内部管理，这不单是执业方式的问题，更是服务能力和患者安全的问题。因此，本句规定"经所在医疗卫生机构同意"，理在其中。

第四，远程医疗的具体方式还可以进一步细分：一是医师通过远程方式为患者直接提供医疗服务即远程医疗服务；二是医师通过远程方式协助或者指导其他医师等医务人员为患者间接提供医疗服务。但是，无论是直接或者间接，均离不开医疗卫生机构这一组织，在第二种情形下，医疗卫生机构之间的"远程医疗合作"成为必然。这应该是本条第二句的重要立法理由。

第三十一条 医师不得利用职务之便，索要、非法收受财物或者牟取其他不正当利益；不得对患者实施不必要的检查、治疗。

【本条主旨】 本条是关于医师执业廉洁纪律的规定。

本条前半句来源于《执业医师法》第 27 条"医师不得利用职务之便，索取、非法收受患者财物或者牟取其他不正当利益"的规定。《基本医疗卫生与健康促进法》第 54 条第 2 款也规定"医疗卫生人员不得利用职务之便索要、非法收受财物或者牟取其他不正当利益"。

后半句来源于《侵权责任法》第 63 条"医疗机构及其医务人员不得违反诊疗规范实施不必要的检查"之规定。《民法典》完全吸纳了《侵权责任法》的该条规定。[1]《基本医疗卫生与健康促进法》对此的表述是"医疗卫生人员应当遵循医学科学规律，遵守有关临床诊疗技术规范和各项操作规范以及医学伦理规范，使用适宜技术和药物，合理诊疗，因病施治，不得对患者实施过度医疗"。[2]

在立法技术上，本条前半句没有"患者"，较《执业医师法》更加具有规范性，因为不正当利益的来源可能不限于患者。后半句"对患者"稍显冗余，不过该半句规定"检查、治疗"，较《民法典》更加完善。但是，无论如何，《医师法》在已由多部法律对此已有规定情况下，在此重复立法，纯属浪费立法资源。

---

〔1〕《民法典》第 1227 条规定："医疗机构及其医务人员不得违反诊疗规范实施不必要的检查。"

〔2〕《基本医疗卫生与健康促进法》第 54 条第 1 款规定："医疗卫生人员应当遵循医学科学规律，遵守有关临床诊疗技术规范和各项操作规范以及医学伦理规范，使用适宜技术和药物，合理诊疗，因病施治，不得对患者实施过度医疗。"

值得一提的是，无论是《医师法》本条所规定的"不得对患者实施不必要的检查、治疗"，还是《基本医疗卫生与健康促进法》第54条第1款所规定的"不得对患者实施过度医疗"，都排除了"诊疗规范"这一判断是否存在"不必要的检查、治疗"或者"过度医疗"的标准。这一规定的合理性在于：

第一，并非所有的医疗行为都会获得诸如"指南""规范""教科书"等相应的规范性根据的支持。临床实践中有部分医疗行为难以对标诊疗规范，但该等医疗行为的合理性却往往不容置疑，这是诊疗规范制定者的预见可能的有限性和语言文字表达局限性所决定的。

第二，将"诊疗规范"作为判断"不必要的检查、治疗"或者"过度医疗"的通常标准是可行的，但是在特定情形下，诊疗规范的高度形式化和程式化要求，可能不能适应医疗的具体境遇和目的性需求。因此，"不必要的检查、治疗"或者"过度医疗"是否成立，应当根据具体的医疗境遇来个性化判断，不应一概而论。

第三十二条　遇有自然灾害、事故灾难、公共卫生事件和社会安全事件等严重威胁人民生命健康的突发事件时，县级以上人民政府卫生健康主管部门根据需要组织医师参与卫生应急处置和医疗救治，医师应当服从调遣。

【本条主旨】本条规定的是医师受调遣义务。

本条沿用《执业医师法》第28条"遇有自然灾害、传染病流行、突发重大伤亡事故及其他严重威胁人民生命健康的紧急情况时，医师应当服从县级以上人民政府卫生行政部门的调遣"的规定。可见，《医师法》本条规定和《执业医师法》第

28条在本质上是一致的。稍有不同的是：本条规定重心不明或存在句法杂糅问题；根据立法者的表达可获得的理解有二：一是在遇有"严重威胁人民生命健康的突发事件时"，县级以上人民政府卫生健康主管部门根据需要组织医师参与卫生应急处置和医疗救治；二是严重威胁人民生命健康的突发事件，且县级以上人民政府卫生健康主管部门根据需要组织医师参与卫生应急处置和医疗救治时，医师应当服从调遣。其调整行为的主体忽而在"卫生健康主管部门"，忽而在"医师"。

其实，关于受调遣义务，《基本医疗卫生与健康促进法》第50条即已规定："发生自然灾害、事故灾难、公共卫生事件和社会安全事件等严重威胁人民群众生命健康的突发事件时，医疗卫生机构、医疗卫生人员应当服从政府部门的调遣，参与卫生应急处置和医疗救治……"有所不同的是：第一，该法称"人民群众"生命健康，而《医师法》称"人民"生命健康，自有其道理。第二，该法的调遣部门是"政府部门"，《医师法》规定的"卫生健康主管部门"。在当前"应急管理体制机制改革"的大背景下，可以认为《基本医疗卫生与健康促进法》的表述更加合理。

第三十三条　在执业活动中有下列情形之一的，医师应当按照有关规定及时向所在医疗卫生机构或者有关部门、机构报告：

（一）发现传染病、突发不明原因疾病或者异常健康事件；

（二）发生或者发现医疗事故；

（三）发现可能与药品、医疗器械有关的不良反应或者不良事件；

（四）发现假药或者劣药；

（五）发现患者涉嫌伤害事件或者非正常死亡；

（六）法律、法规规定的其他情形。

【本条主旨】本条规定的是医师对特定事项的报告义务。

本条是在《执业医师法》第 29 条基础上的完善。《执业医师法》第 29 条规定："医师发生医疗事故或者发现传染病疫情时，应当按照有关规定及时向所在机构或者卫生行政部门报告。医师发现患者涉嫌伤害事件或者非正常死亡时，应当按照有关规定向有关部门报告。"不过，《执业医师法》关于医师报告义务的内容不够全面，与实际需要不符，应当扩充。

本条规定"医师应当按照有关规定及时向所在医疗卫生机构或者有关部门、机构报告"，因此，本条首先是引致性规范，何种事项按何规范向何部门、机构报告，或者仅向医疗卫生机构报告而无需向有关部门、机构报告，应当依据相应的"有关规定"，而不是本条规定。

本条规定了医师应当履行报告义务的 6 种情形，以下分别讨论。

第（一）项为"发现传染病、突发不明原因疾病或者异常健康事件"。对于"传染病"的报告，《传染病防治法》已有相关规定。但对于"突发不明原因疾病""异常健康事件"，目前尚无法律规定，需要进一步立法或在正在修订的《传染病防治法》中体现。不过，学术界认为，应当"建立基于医师专业和独立判断的网络直报机制"。[1]

---

〔1〕 凤启龙、王启辉："重大传染病疫情报告与信息披露制度完善的思考——以《传染病防治法》修改为中心"，载《江苏行政学院学报》2021 年第 2 期，第 130~136 页。

第（二）项为"发生或者发现医疗事故"。首先，"发生"或者"发现"的表述，似乎可以解读为：医师除应当报告与自己有关的医疗事故，也应报告与自己无关的医疗事故，该项一般性地赋予医师以"与自己无关的医疗事故"报告义务的正当性显然值得质疑。其次，按照《医疗事故处理条例》的规定，"医疗事故"是对医疗质量安全事件按照法定程序进行技术性评价后的定性，或者卫生健康主管部门判定后的定性。[1]无论是"鉴定结论"还是"判定结论"，均应当是所在医疗卫生机构按照程序参与、陈述、申辩的结果。因此，由医师个人负责向所在医疗卫生机构、卫生健康主管部门报告医疗事故缺乏必要性。可行的办法是：该报告义务由医疗卫生机构承担。因为在个别医疗事故认定案件中，委托医疗事故技术鉴定的卫生健康行政机关并非当事医疗机构的主管机关，甚至该医疗事故技术鉴定系由医患双方共同委托进行，并未通过任何卫生健康行政机关。

与"医疗事故"相区别的法律概念是"医疗损害"。[2]二者的区别大致可以描述为以下几个方面：

第一，损害后果程度不同。构成医疗事故的最低损害程度

---

〔1〕《医疗事故处理条例》第36条规定："卫生行政部门接到医疗机构关于重大医疗过失行为的报告后，除责令医疗机构及时采取必要的医疗救治措施，防止损害后果扩大外，应当组织调查，判定是否属于医疗事故；对不能判定是否属于医疗事故的，应当依照本条例的有关规定交由负责医疗事故技术鉴定工作的医学会组织鉴定。"

〔2〕《医疗事故处理条例》第2条规定："本条例所称医疗事故，是指医疗机构及其医务人员在医疗活动中，违反医疗卫生管理法律、行政法规、部门规章和诊疗护理规范、常规，过失造成患者人身损害的事故。"第4条规定："根据对患者人身造成的损害程度，医疗事故分为四级：一级医疗事故：造成患者死亡、重度残疾的；二级医疗事故：造成患者中度残疾、器官组织损伤导致严重功能障碍的；三级医疗事故：造成患者轻度残疾、器官组织损伤导致一般功能障碍的；四级医疗事故：造成患者明显人身损害的其他后果的。具体分级标准由国务院卫生行政部门制定。"

是"造成患者明显人身损害的其他后果"，非明显的人身损害
后果不属于医疗事故的损害后果。医疗损害的后果包括明显的
人身损害后果和非明显的人身损害后果。因此，就损害后果的
程度而言，医疗损害包含医疗事故。

第二，认定主体不同。医疗事故由卫生健康主管部门判定
或医学会鉴定（医学会进行医疗事故鉴定，既可以是受卫生健
康主管部门的委托，也可以是受医患双方的共同委托）。医疗损
害的认定主体主要是受人民法院委托的司法鉴定机构（也可以
是受医疗纠纷人民调解委员会或者医患双方委托），当然作为事
实问题，特定情形下人民法院也有权直接认定。但无论是卫生
健康主管部门判定、委托医学会鉴定，还是人民法院委托司法
鉴定，其对"医疗事故""医疗损害"这一事实的结论性意见
属于证据范畴，不具有可诉性（我国法中，具有可诉性的限于
权利义务争议而非事实争议）。当事人无权以对医疗事故或医
疗损害认定存在错误或者不当为由提起诉讼，也无权以卫生健
康主管部门或者法院自行调查认定、未委托鉴定为由提起诉讼。

第三，认定的争议点不同。医疗事故认定的争议点为是否
构成医疗事故，这也是医疗事故行政处理的事实依据。医疗损
害认定的争议点为是否构成医疗损害责任。

第四，认定的直接目的不同。医疗事故认定的直接目的是解
决行政责任；医疗损害认定的直接目的是解决医疗损害责任争议。

第五，鉴定专家库不同。医疗事故鉴定专家库未设法学领
域专家；医疗损害鉴定专家库设有法学领域专家。需要补充的
是：如果法学领域专家可以作为医疗损害鉴定专家，则是对民
事诉讼法上的司法鉴定人制度和专家辅助人制度在医疗损害责
任纠纷领域的重大突破，值得进一步研究。

第六，处理的法律依据不同。医疗事故处理的法律依据主要是《医疗事故处理条例》。医疗损害处理的法律依据主要是《民法典》及《医疗纠纷预防和处理条例》。当然，医疗事故鉴定结论或判定结论也可以作为处理医疗损害责任纠纷案件的主要证据之一。

除了以上不同外，医疗事故和医疗损害在构成要件上没有区别，在本质上具有同一性，而且同一位阶的新《医疗纠纷预防和处理条例》和旧《医疗事故处理条例》在法律责任规定上的趋同导致医疗事故和医疗损害区分的规范意义愈加不再必要。也正是在此意义上，学界主张废除这种双轨制。[1]

第（三）项为"发现可能与药品、医疗器械有关的不良反应或者不良事件"。"药品不良反应"是《药品管理法》上的法律概念，是指合格药品在正常用法用量下出现的与用药目的无关的或意外的有害反应，对其明确界定的是部门规章《药品不良反应报告和监测管理办法》（自2011年7月1日起施行）。"医疗器械不良事件"是《医疗器械监督管理条例》中的法律概念。部门规章《医疗器械不良事件监测和再评价管理办法》（自2019年1月1日起施行）规定，医疗器械不良事件，是指已上市的医疗器械，在正常使用情况下发生的，导致或者可能导致人体伤害的各种有害事件。从上述法律规范来看，可以认为"药品不良反应"和"医疗器械不良事件"是不存在医疗过错的有害反应或事件。

第（四）项为"发现假药或者劣药"。何为假药、劣药？《药品管理法》规定，药品所含成分与国家药品标准规定的成分

---

[1] 南京市卫生健康委胡晓翔先生即持此观点。

不符；以非药品冒充药品或者以他种药品冒充此种药品；变质的药品；药品所标明的适应证或者功能主治超出规定范围的，为假药。药品成分的含量不符合国家药品标准；被污染的药品；未标明或者更改有效期的药品；未注明或者更改产品批号的药品；超过有效期的药品；擅自添加防腐剂、辅料的药品；其他不符合药品标准的药品，为劣药。[1]关于"发现假药或者劣药"履行报告义务的法律规范目前尚属空白，有待立法者进一步规范。

第（五）项为"发现患者涉嫌伤害事件或者非正常死亡"。此类报告义务的法律规定较多，如《未成年人保护法》第11条第2款规定："国家机关、居民委员会、村民委员会、密切接触未成年人的单位及其工作人员，在工作中发现未成年人身心健康受到侵害、疑似受到侵害或者面临其他危险情形的，应当立即向公安、民政、教育等有关部门报告。"[2]《反

---

〔1〕《药品管理法》第98条规定："禁止生产（包括配制，下同）、销售、使用假药、劣药。有下列情形之一的，为假药：（一）药品所含成份与国家药品标准规定的成份不符；（二）以非药品冒充药品或者以他种药品冒充此种药品；（三）变质的药品；（四）药品所标明的适应症或者功能主治超出规定范围。有下列情形之一的，为劣药：（一）药品成份的含量不符合国家药品标准；（二）被污染的药品；（三）未标明或者更改有效期的药品；（四）未注明或者更改产品批号的药品；（五）超过有效期的药品；（六）擅自添加防腐剂、辅料的药品；（七）其他不符合药品标准的药品。……"

〔2〕《未成年人保护法》第130条规定："本法中下列用语的含义：（一）密切接触未成年人的单位，是指学校、幼儿园等教育机构；校外培训机构；未成年人救助保护机构、儿童福利机构等未成年人安置、救助机构；婴幼儿照护服务机构、早期教育服务机构；校外托管、临时看护机构；家政服务机构；为未成年人提供医疗服务的医疗机构；其他对未成年人负有教育、培训、监护、救助、看护、医疗等职责的企业事业单位、社会组织等。（二）学校，是指普通中小学、特殊教育学校、中等职业学校、专门学校。（三）学生欺凌，是指发生在学生之间，一方蓄意或者恶意通过肢体、语言及网络等手段实施欺压、侮辱，造成另一方人身伤害、财产损失或者精神损害的行为。"

家庭暴力法》第 14 条规定："学校、幼儿园、医疗机构、居民委员会、村民委员会、社会工作服务机构、救助管理机构、福利机构及其工作人员在工作中发现无民事行为能力人、限制民事行为能力人遭受或者疑似遭受家庭暴力的，应当及时向公安机关报案。公安机关应当对报案人的信息予以保密。"[1]

　　第（六）项为"法律、法规规定的其他情形"。本项是兜底性条款，主要指向《治安管理处罚法》[2]《生物安全法》[3]《环境保护法》《放射性同位素与射线装置安全和防护条例》《医疗纠纷预防和处理条例》等法律法规的报告事项。[4]

　　本条通过"列举＋兜底"的方式规定医师对特定事项的报告义务，看似周全，却遗漏了与医师执业直接相关的主要事项，即"医疗质量安全事件"。《医疗质量安全事件报告暂行

---

〔1〕《反家庭暴力法》第 35 条规定："学校、幼儿园、医疗机构、居民委员会、村民委员会、社会工作服务机构、救助管理机构、福利机构及其工作人员未依照本法第十四条规定向公安机关报案，造成严重后果的，由上级主管部门或者本单位对直接负责的主管人员和其他直接责任人员依法给予处分。"

〔2〕《治安管理处罚法》第 31 条规定："爆炸性、毒害性、放射性、腐蚀性物质或者传染病病原体等危险物质被盗、被抢或者丢失，未按规定报告的，处五日以下拘留；故意隐瞒不报的，处五日以上十日以下拘留。"

〔3〕《生物安全法》第 73 条第 1 款规定："违反本法规定，医疗机构、专业机构或者其工作人员瞒报、谎报、缓报、漏报，授意他人瞒报、谎报、缓报，或者阻碍他人报告传染病、动植物疫病或者不明原因的聚集性疾病的，由县级以上人民政府有关部门责令改正，给予警告；对法定代表人、主要负责人、直接负责的主管人员和其他直接责任人员，依法给予处分，并可以依法暂停一定期限的执业活动直至吊销相关执业证书。"

〔4〕《医疗纠纷预防和处理条例》第 47 条规定："医疗机构及其医务人员有下列情形之一的，由县级以上人民政府卫生主管部门责令改正，给予警告，并处 1 万元以上 5 万元以下罚款；情节严重的，对直接负责的主管人员和其他直接责任人员给予或者责令给予降低岗位等级或者撤职的处分，对有关医务人员可以责令暂停 1 个月以上 6 个月以下执业活动；构成犯罪的，依法追究刑事责任：……（八）未按规定向卫生主管部门报告重大医疗纠纷……"

规定》（卫医管发〔2011〕4 号）第 2 条规定："医疗质量安全事件是指医疗机构及其医务人员在医疗活动中，由于诊疗过错、医药产品缺陷等原因，造成患者死亡、残疾、器官组织损伤导致功能障碍等明显人身损害的事件。"不过，该规范性文件不属于《立法法》意义上的法律渊源。因此，也不能对应于《医师法》本条第（六）项"法律、法规规定的其他情形"。"医疗质量安全事件"的正式法律渊源是《医疗质量管理办法》（自 2016 年 11 月 1 日起施行）。该办法规定了两类报告事项：一类是医疗质量（安全）不良事件；另一类是医疗质量安全事件。对前者实行鼓励医务人员报告，[1]对后者而言，"发生重大医疗质量安全事件"的，医师负有报告义务。然而，何为"重大医疗质量安全事件"，该办法并未规定。[2]《医疗质量安全事件报告暂行规定》（卫医管发〔2011〕4 号）第 6 条虽然规定了"一般医疗质量安全事件""重大医疗质量安全事件""特大医疗质量安全事件"，[3]但是，从时间关系

---

〔1〕《医疗质量管理办法》第 34 条规定："国家建立医疗质量（安全）不良事件报告制度，鼓励医疗机构和医务人员主动上报临床诊疗过程中的不良事件，促进信息共享和持续改进。医疗机构应当建立医疗质量（安全）不良事件信息采集、记录和报告相关制度，并作为医疗机构持续改进医疗质量的重要基础工作。"

〔2〕《医疗质量管理办法》第 44 条规定："医疗机构有下列情形之一的，由县级以上卫生计生行政部门责令限期改正；逾期不改的，给予警告，并处三万元以下罚款；对公立医疗机构负有责任的主管人员和其他直接责任人员，依法给予处分：（一）未建立医疗质量管理部门或者未指定专（兼）职人员负责医疗质量管理工作的；（二）未建立医疗质量管理相关规章制度的；（三）医疗质量管理制度不落实或者落实不到位，导致医疗质量管理混乱的；（四）发生重大医疗质量安全事件隐匿不报的……"

〔3〕《医疗质量安全事件报告暂行规定》第 6 条规定："根据对患者人身造成的损害程度及损害人数，医疗质量安全事件分为三级：一般医疗质量安全事件：造成 2 人以下轻度残疾、器官组织损伤导致一般功能障碍或其他人身损害后果。重大医疗质量安全事件：（一）造成 2 人以下死亡或中度以上残疾、器官组织损伤

来看,《医疗质量管理办法》并非《医疗质量安全事件报告暂行规定》(卫医管发〔2011〕4号)的制定依据。但需要注意的是:一方面,《医疗质量管理办法》属于部门规章类法律渊源,也不属于本条第(六)项"法律、法规规定的其他情形";另一方面,本条第(六)项的规定并不能否定《医疗质量管理办法》有关报告义务的规定。

第三十四条 执业助理医师应当在执业医师的指导下,在医疗卫生机构中按照注册的执业类别、执业范围执业。

在乡、民族乡、镇和村医疗卫生机构以及艰苦边远地区县级医疗卫生机构中执业的执业助理医师,可以根据医疗卫生服务情况和本人实践经验,独立从事一般的执业活动。

【本条主旨】本条规定的是"执业助理医师"的特殊执业规则。

本条是在《执业医师法》基础上的完善。《执业医师法》第30条规定:"执业助理医师应当在执业医师的指导下,在医疗、预防、保健机构中按照其执业类别执业。在乡、民族乡、镇的医疗、预防、保健机构中工作的执业助理医师,可以根据医疗诊治的情况和需要,独立从事一般的执业活动。"

第1款应是执业助理医师执业的基本法律原则,即执业助理医师原则上没有独立的执业资格,应当"在执业医师的指导下"执业。较《执业医师法》第30条第1款,本款增加了"执业范围"。执业医师应当在注册的执业类别、执业范围执业,

---

(接上页)导致严重功能障碍;(二)造成3人以上中度以下残疾、器官组织损伤或其他人身损害后果。特大医疗质量安全事件:造成3人以上死亡或重度残疾。"

执业助理医师也应如此。

"乡、民族乡、镇和村医疗卫生机构"和"艰苦边远地区县级医疗卫生机构",是执业助理医师的"主战场",然而,执业助理医师执业的基本法律原则,在其主战场成了例外。由于医疗卫生发展不平衡,该类医疗卫生机构中的"执业医师"也相对缺乏。本款许可执业助理医师"独立从事一般的执业活动",一方面是给予执业助理医师"独立从事一般的执业活动"的认许;另一方面,则是对基层医疗卫生和艰苦边远地区医疗卫生现状的反映。可以预见,未来,随着医师队伍的不断壮大,执业助理医师将成为历史。较《执业医师法》第30条第2款,《医师法》本条第2款将"可以根据医疗诊治的情况和需要"修改为"可以根据医疗卫生服务情况和本人实践经验"。不过,任何人从事任何行为都必然会根据"本人实践经验",因此,此处规定"本人实践经验"纯属多余。

关于"独立从事一般的执业活动",还有以下三个问题需要说明:

第一,何为"一般的执业活动",其内涵和外延,本法未能界定,有关立法者应当进一步履行职责,提供明确规范。

第二,本款执业助理医师的"一般的执业活动"和乡村医生的"一般医疗服务"的关系是什么?[1]首先,《乡村医生从业管理条例》第29条规定:"省、自治区、直辖市人民政府卫生行政主管部门应当按照乡村医生一般医疗服务范围,制定乡村医生基本用药目录。乡村医生应当在乡村医生基本用药目

---

[1]《乡村医生从业管理条例》第2条第1款规定:"本条例适用于尚未取得执业医师资格或者执业助理医师资格,经注册在村医疗卫生机构从事预防、保健和一般医疗服务的乡村医生。"

录规定的范围内用药。"但是，对于"乡村医生一般医疗服务范围"，立法者未提供法律根据，也未授权有关机关或组织制定。其次，《乡村医生从业管理条例》第2条第1款规定："本条例适用于尚未取得执业医师资格或者执业助理医师资格，经注册在村医疗卫生机构从事预防、保健和一般医疗服务的乡村医生。"该款规定似乎认为，执业助理医师从事的"一般的执业活动"和乡村医生从事的"一般医疗服务"属于不同层次的医疗服务（活动），这更加为执业助理医师和乡村医生可以开展的医疗服务范围增添了识别困难。

第三十五条　参加临床教学实践的医学生和尚未取得医师执业证书、在医疗卫生机构中参加医学专业工作实践的医学毕业生，应当在执业医师监督、指导下参与临床诊疗活动。医疗卫生机构应当为有关医学生、医学毕业生参与临床诊疗活动提供必要的条件。

【本条主旨】本条规定的是"医学生""医学毕业生"参与临床诊疗活动的规则。

医学既是实践科学，又是经验科学，将"医学实践课程"作为医学高等教育的必修课程，是医学学科的内在要求，符合培养具有社会责任感、创新精神和实践能力的高级专门人才的高等教育任务。[1]在医师资格考试制度和医师执业注册制度之下，"医学生""医学毕业生"不能独立从事临床诊疗活动，是当然的制度逻辑结论，也是对医师执业能力的法律保障。

本条需要注意的是：

---

〔1〕《高等教育法》第5条规定："高等教育的任务是培养具有社会责任感、创新精神和实践能力的高级专门人才，发展科学技术文化，促进社会主义现代化建设。"

第一，医学毕业生即使已经通过医师资格考试取得了"医师资格"，也不具有独立执业的资格，其参与临床诊疗活动的，必须在执业医师监督、指导下进行。

第二，"医学生""医学毕业生"参与临床诊疗活动的，其监督、指导者限于"执业医师"，"执业助理医师"没有监督、指导资格。

第三，执业医师对医学生、医学毕业生的"监督""指导"的具体方式本法没有规定，应当予以完善。

第四，"医学生"和"医学毕业生"参与临床诊疗活动，并非执业行为。因此，医疗卫生机构不应将其作为住院医师对待，除有故意或重大过失外，"医学生"和"医学毕业生"参与临床诊疗活动的法律后果应当由负有监督指导职责的执业医师承担。

第五，"医学生"和"医学毕业生"是医师的最主要来源。因此，应当在法律层面适当限制患者对"医学生"和"医学毕业生"参与临床诊疗活动的决定权。

第六，《医学教育临床实践管理暂行规定》（卫科教发〔2008〕45号）并非正式的法律渊源，立法者应当在《医师法》本条基础上进一步制定相应规范。

第七，本条第二句赋予了医疗卫生机构为培养医学生、医学毕业生"提供必要的条件"的义务，这是《基本医疗卫生与健康促进法》"完善医学院校教育、毕业后教育和继续教育体系"要求的具体措施的制度性保障。[1]

---

〔1〕《基本医疗卫生与健康促进法》第52条第1款规定："国家制定医疗卫生人员培养规划，建立适应行业特点和社会需求的医疗卫生人员培养机制和供需平衡机制，完善医学院校教育、毕业后教育和继续教育体系，建立健全住院医师、专科医师规范化培训制度，建立规模适宜、结构合理、分布均衡的医疗卫生队伍。"

第三十六条　有关行业组织、医疗卫生机构、医学院校应当加强对医师的医德医风教育。

医疗卫生机构应当建立健全医师岗位责任、内部监督、投诉处理等制度，加强对医师的管理。

【本条主旨】本条是规定的医师医德医风教育和医疗卫生机构对医师管理的要求。

第1款是对《基本医疗卫生与健康促进法》第51条第2款"医疗卫生行业组织、医疗卫生机构、医学院校应当加强对医疗卫生人员的医德医风教育"在"职业法"上的移植，强调行业组织、医疗卫生机构、医学院校在医师的医德医风教育方面的职责。

第2款为"医疗卫生机构应当建立健全医师岗位责任、内部监督、投诉处理等制度，加强对医师的管理"。本款是概括性规范，指向的是《安全生产法》《公职人员政务处分法》《医疗机构管理条例》《医疗事故处理条例》《医疗纠纷预防和处理条例》《事业单位人事管理条例》《医疗质量管理办法》等法律、法规、规章。这里尤其要强调的是医师岗位责任制。建立"整体有效、分层有序、相互协同、信息通畅、责任连续"的医师岗位责任制是保障医疗卫生机构医疗质量安全的重要措施，对此，应当在总结经验的基础上进一步健全。国家卫生健康委委员会发布的《社区医院医疗质量安全核心制度要点（试行）》是对医师岗位责任制细化的有益尝试。

第四章

培训和考核

【本章提要】

本章共 7 条，主要规定：①医师培养、医学教育体系；②医师规范化培训制度；③医师继续教育政府职责；④医师继续教育医疗卫生机构、行业组织职责；⑤医师定向培养、委托培训；⑥医师定期考核制度；⑦医师定期考核工作的指导、检查和监督机关。[1]

第三十七条 国家制定医师培养规划，建立适应行业特点和社会需求的医师培养和供需平衡机制，统筹各类医学人才需求，加强全科、儿科、精神科、老年医学等紧缺专业人才培养。

国家采取措施，加强医教协同，完善医学院校教育、毕业后教育和继续教育体系。

国家通过多种途径，加强以全科医生为重点的基层医疗卫生人才培养和配备。

---

[1] 本章的标题为"培训和考核"，旧法则为"考核和培训"；且本章主要规定了培训，体现了立法者对医师培养的重视。

国家采取措施，完善中医西医相互学习的教育制度，培养高层次中西医结合人才和能够提供中西医结合服务的全科医生。

【本条主旨】 本条是关于医师培养、医学教育体系的规定。

第 1 款分四个层面：一是国家制定医师培养规划。将"医师培养规划"制度化，可以保障医师培养规划的整体性、系统性、长远性和连续性。公开资料显示，现行医师培养规划是《医药卫生中长期人才发展规划（2011—2020 年）》（卫人发〔2011〕15 号）。[1] 二是建立适应行业特点和社会需求的医师培养和供需平衡机制。该机制最终旨在实现医师人力资源的供需平衡。目前，我国医师人力资源配置的主要问题是总量供给不足和地区间失衡。三是统筹各类医学人才需求。此处的"各类医学人才"，可包括对各执业类别、执业范围的医师，也包括医、护、药、技等医学人，还可以包括医学基础研究人才等。而"统筹"各类医学人才需求的前提是医学人才需求调查和预测。四是加强全科、儿科、精神科、老年医学等紧缺专业人才培养。加强紧缺专业人才培养的前提仍然是紧缺专业人才需求调查。当前，紧缺专业人才主要有全科、儿科、精神科、老年医学、妇产科、麻醉科、急诊、公共卫生、康复、心理等专业人才，医师是该等专业人才的重点。[2]

---

〔1〕《卫生部关于印发〈医药卫生中长期人才发展规划（2011-2020 年）〉的通知》（卫人发〔2011〕15 号），载 http://www.nhc.gov.cn/wjw/gfxwj/201304/b449c48ff32045a4818d54a4 eba86e3b，访问日期：2021 年 8 月 28 日。

〔2〕参见《国家卫生健康委员会对十三届全国人大二次会议第 6744 号建议的答复》，载 http://www.nhc.gov.cn/wjw/jiany/202007/67b56ce0a70d47b7a40eed99a6e628ab.shtml，访问日期：2021 年 8 月 28 日。

第 2 款规定的是立法者赋予政府及有关部门相应职责。如何实现"医教协同","完善医学院校教育、毕业后教育和继续教育体系",依赖于政府及有关部门采取何种措施。"医教协同"末端在医疗卫生机构和医学院校,但如何实现协同却在于体制和机制的优化。对此,在 2014 年发布的《教育部、国家卫生计生委、国家中医药管理局等关于医教协同深化临床医学人才培养改革的意见》(教研〔2014〕2 号)中提出健全有关部门之间、中央和地方之间、教育和卫生计生系统内部的医学教育工作协调机制,各级教育、卫生计生行政部门及高等医学院校、医疗卫生机构要高度重视临床医学人才培养工作,加强组织领导。2017 年,《国务院办公厅关于深化医教协同进一步推进医学教育改革与发展的意见》,强调高校要把附属医院教学建设纳入学校发展整体规划,明确附属医院临床教学主体职能。[1]

第 3 款规定:"国家通过多种途径,加强以全科医生为重点的基层医疗卫生人才培养和配备。"全科医生是综合程度较高的医学人才,主要在基层承担预防保健、常见病多发病诊疗和转诊、病人康复和慢性病管理、健康管理等一体化服务,被称为居民健康的"守门人"。[2]健全的全科医生制度是实现分级诊疗秩序的关键制度。目前,我国旨在逐步建立健全"5+3"全科医生培养模式,即先接受 5 年的临床医学(含中医学)本科教育,再接受 3 年的全科医生规范化培养。不过,全

---

〔1〕 参见《国家卫生健康委员会关于政协十三届全国委员会第三次会议第 4767 号(社会管理 338 号)提案答复的函》,载 http://www.nhc.gov.cn/wjw/tia/202101/40020929edff 46c9ada031f6a037fea0.shtml,访问日期:2021 年 8 月 28 日。

〔2〕《国务院关于建立全科医生制度的指导意见》(国发〔2011〕23 号),载 http://www.nhc.gov.cn/wjw/gfxwj/201304/b77fdc4825954db68bb436276005bba3.shtml,访问日期:2021 年 8 月 28 日。

科医生的"配备"还需要通过执业方式、薪酬津贴、职称评定、职业发展、教育培训等制度改革配套完善。

第 4 款规定"国家采取措施,完善中医西医相互学习的教育制度,培养高层次中西医结合人才和能够提供中西医结合服务的全科医生"。中华人民共和国成立以来,卫生工作方针几经调整变化,究其根本为人民健康服务、防患于未然、发挥中西医各自优势、动员人民群众广泛参与,这些是经过实践检验的积极有效的卫生工作方针和经验总结。[1]"团结中西医"或"中西医并重"始终是我国卫生健康工作方针的主要内容。无论是"中学西"还是"西学中",其出发点都是更好地团结中西医,让医生掌握两套医学本领。[2]两种话语只是运用了不同的语言游戏规则,展现了不同的医学运行图景,不存在好坏和优劣之分。两种话语存在差异,但不存在对抗,两者可以求同存异,共同存在、共同生长、共同发展。[3]因此,《中医药法》(自 2017 年 7 月 1 日施行)规定,"国家鼓励中医西医相互学习,相互补充,协调发展,发挥各自优势,促进中西医结合",[4]《医师法》本款旨在:第一,完善中医西医相互学习

〔1〕 姚力:"卫生工作方针的演进与健康中国战略",载《当代中国史研究》2018 年第 3 期,第 35~43 页。
〔2〕 翁攀峰、郑卫荣、李恩昌:"'西学中'历史考察及对中西医结合学科发展的意义",载《中国中西医结合杂志》2017 年第 9 期,第 1034~1038 页。
〔3〕 周亚东:"论中西医话语的差异与共生",载《锦州医科大学学报(社会科学版)》2021 年第 2 期,第 99~103 页。
〔4〕《中医药法》第 3 条规定:"中医药事业是我国医药卫生事业的重要组成部分。国家大力发展中医药事业,实行中西医并重的方针,建立符合中医药特点的管理制度,充分发挥中医药在我国医药卫生事业中的作用。发展中医药事业应当遵循中医药发展规律,坚持继承和创新相结合,保持和发挥中医药特色和优势,运用现代科学技术,促进中医药理论和实践的发展。国家鼓励中医西医相互学习,相互补充,协调发展,发挥各自优势,促进中西医结合。"

的教育制度；第二，培养高层次中西医结合人才和能够提供中西医结合服务的全科医生。但是不应将"中西医结合人才"理解为"中西医结合专业"或者"中西医结合科"医师，而应当从本法第 14 条第 4 款的意义上解释，即掌握西医药技术方法的中医医师和掌握中医药技术方法的西医医师，进一步发展的结果是无所谓中医医师和西医医师，而是掌握了中医和西医医术的中国医师。

第三十八条　国家建立健全住院医师规范化培训制度，健全临床带教激励机制，保障住院医师培训期间待遇，严格培训过程管理和结业考核。

国家建立健全专科医师规范化培训制度，不断提高临床医师专科诊疗水平。

【**本条主旨**】本条规定的是医师规范化培训制度。

本条是对《基本医疗卫生与健康促进法》第 52 条第 1 款的进一步细化。[1]医师规范化培训制度包括两类：一是住院医师规范化培训制度；二是专科医师规范化培训制度。关于该两项制度的具体规则，仅有《国家卫生和计划生育委员会、中央机构编制委员会办公室、国家发展和改革委员会、教育部、财政部、人力资源和社会保障部、国家中医药管理局关于建立住院医师规范化培训制度的指导意见》（国卫科教发 ［2013］ 56号）和《国家卫生计生委、国务院医改办、国家发展改革委、

---

〔1〕《基本医疗卫生与健康促进法》第 52 条第 1 款规定："国家制定医疗卫生人员培养规划，建立适应行业特点和社会需求的医疗卫生人员培养机制和供需平衡机制，完善医学院校教育、毕业后教育和继续教育体系，建立健全住院医师、专科医师规范化培训制度，建立规模适宜、结构合理、分布均衡的医疗卫生队伍。"

教育部、财政部、人力资源和社会保障部、国家中医药管理局、总后卫生部关于开展专科医师规范化培训制度试点的指导意见》（国卫科教发［2015］97号）两份政策性文件，尚无法律规范。该类规范的重点应该有二：一是聚焦规范化培训的过程管理和质量；二是如何保障住院医师规范化培训委托单位的利益（详见对本法第41条的相关评注）。

第三十九条　县级以上人民政府卫生健康主管部门和其他有关部门应当制定医师培训计划，采取多种形式对医师进行分级分类培训，为医师接受继续医学教育提供条件。

县级以上人民政府应当采取有力措施，优先保障基层、欠发达地区和民族地区的医疗卫生人员接受继续医学教育。

【本条主旨】本条是关于医师继续教育政府职责的规定。

第1款赋予县级以上人民政府卫生健康主管部门和其他有关部门制定医师培训计划并为医师接受继续医学教育提供条件的法定职责。此处的"其他有关部门"应当包括中医药主管部门、财政主管部门、人力资源与社会保障主管部门等。

第2款要求县级以上人民政府优先保障基层、欠发达地区和民族地区的医疗卫生人员接受继续医学教育。本款所规定的责任主体包含国务院。遗憾的是，本款没有规定乡、民族乡、镇的人民政府在医师继续教育方面的职责。

第四十条　医疗卫生机构应当合理调配人力资源，按照规定和计划保证本机构医师接受继续医学教育。

县级以上人民政府卫生健康主管部门应当有计划地组织协调县级以上医疗卫生机构对乡镇卫生院、村卫生室、社区卫生服务中心等基层医疗卫生机构中的医疗卫生人员开展培训，提高其医学专业技术能力和水平。

有关行业组织应当为医师接受继续医学教育提供服务和创造条件，加强继续医学教育的组织、管理。

【本条主旨】本条是关于医师继续教育医疗卫生机构、行业组织职责的规定。

第1款规定的是对医疗卫生机构的法定要求，即医疗卫生机构应当保证本机构医师接受继续医学教育。在此，医疗卫生机构应当按照规定制定本机构"医师继续教育计划"，并在"合理调配人力资源"的基础上，确保医师接受继续医学教育。值得注意的是，此款要求医师不分类别、不分层级，均应接受医学继续教育。

乡镇卫生院、村卫生室、社区卫生服务中心等基层医疗卫生机构所在医师医学继续教育质量是保障医疗卫生"守门人"职责得以实现的关键之一。鉴于目前我国以医疗联合体为基础的分级诊疗制度尚在初创阶段，基层医疗卫生机构与县级以上医疗卫生机构间的互通、协同机制需要卫生健康主管部门的主动推动，由县级以上医疗卫生机构向基层医疗卫生机构的医疗卫生人员提供培训服务，更加需要卫生健康主管部门主动作为。不过，本款应属于《基本医疗卫生与健康促进法》及其配套制度的内容，并非专属于《医师法》。

当前，医师医学继续教育的主要组织为专业学术团体——医学会。第3款将医师医学继续教育"组织、管理职责"赋予了行业组织。这将导致该职责转由行业组织如医师协会履行，或者由专业学术团体和行业组织共同履行。

第四十一条　国家在每年的医学专业招生计划和教育培训计划中，核定一定比例用于定向培养、委托培训，加强基层和艰苦边远地区医师队伍建设。

有关部门、医疗卫生机构与接受定向培养、委托培训的人员签订协议，约定相关待遇、服务年限、违约责任等事项，有关人员应当履行协议约定的义务。县级以上人民政府有关部门应当采取措施，加强履约管理。协议各方违反约定的，应当承担违约责任。

【本条主旨】本条是关于医师定向培养、委托培训的规定。

实行基层和艰苦边远地区医师定向培养、委托培训，是地方实践有益经验的总结。《基本医疗卫生与健康促进法》第56条第2款将该经验制度化、法律化，承诺"国家采取定向免费培养、对口支援、退休返聘等措施，加强基层和艰苦边远地区医疗卫生队伍建设"。《医师法》本条第1款是对《基本医疗卫生与健康促进法》的进一步细化，而健全"核定一定比例用于定向培养、委托培训"的规范化长效机制，是实现本款立法目的的重要制度保障。

第2款第一句规定："有关部门、医疗卫生机构与接受定向培养、委托培训的人员签订协议，约定相关待遇、服务年限、违约责任等事项，有关人员应当履行协议约定的义务。"本句规定大致涉及两种类型的合同，即"医学生定向培养协议"和"医师委托培训协议"，前者受《民法典》调整，后者优先受《劳动法》《劳动合同法》等专门法律调整。医学生定向培养协议只要不违反法律、行政法规，不违背公序良俗，便可按照契约自由原则，由个人和委托人（行政机关或医疗卫生机构）签订。医师委托培训协议则由所在医疗卫生机构和医师签订，同时受《劳动合同法》第22条调整，[1]使得违约方受到该法的特别保护，这就造成了基层和艰苦边远地区的医疗卫生机构委托培训的医师一方面提升了业务能力，从而有机会流向更好的地区和医疗卫生机构，另一方面在享受培训期间的工资福利待遇的同时仅受到非常有限的违约责任约束。从而，基层和艰苦边远地区的医疗卫生机构委托培训实际成为发达地区、上级医疗卫生机构吸纳人才的平台。如何解决"留不住"的问题，依然是基层和艰苦边远地区的医疗卫生机构人才配置的难题。

第2款第二句规定："县级以上人民政府有关部门应当采取措施，加强履约管理。协议各方违反约定的，应当承担违约责任。"该句规定意在解决上述人才难题，但是并未实现法律上的突破。所谓"县级以上人民政府有关部门应当采取措施，加强履约管理"，可能成为因缺乏法律依据而对契约自由的不法干预。可行的建议是：适用前述第一种类型的合同，这样更有利于基层和边远地区培养医师、留住人才。因为，在法律适用上，其不受《劳动法》的特别保护。

第四十二条　国家实行医师定期考核制度。

县级以上人民政府卫生健康主管部门或者其委托的医疗卫

---

[1]《劳动合同法》第22条规定："用人单位为劳动者提供专项培训费用，对其进行专业技术培训的，可以与该劳动者订立协议，约定服务期。劳动者违反服务期约定的，应当按照约定向用人单位支付违约金。违约金的数额不得超过用人单位提供的培训费用。用人单位要求劳动者支付的违约金不得超过服务期尚未履行部分所应分摊的培训费用。用人单位与劳动者约定服务期的，不影响按照正常的工资调整机制提高劳动者在服务期期间的劳动报酬。"

生机构、行业组织应当按照医师执业标准，对医师的业务水平、工作业绩和职业道德状况进行考核，考核周期为三年。对具有较长年限执业经历、无不良行为记录的医师，可以简化考核程序。

受委托的机构或者组织应当将医师考核结果报准予注册的卫生健康主管部门备案。

对考核不合格的医师，县级以上人民政府卫生健康主管部门应当责令其暂停执业活动三个月至六个月，并接受相关专业培训。暂停执业活动期满，再次进行考核，对考核合格的，允许其继续执业。

【本条主旨】本条规定的是医师定期考核制度。

第2款规定的是医师定期考核的法定机关、委托考核、考核的标准、考核的内容、考核的周期和程序。考核主体是县级以上人民政府卫生健康主管部门；医疗卫生机构、行业组织可受卫生健康主管部门委托组织考核；考核标准是医师执业标准；考核内容是医师的业务水平、工作业绩和职业道德状况；考核周期为3年。对具有较长年限执业经历、无不良行为记录的医师，可以简化考核程序。本款需要进一步解决的问题是：一是"医师执业标准"是什么？二是被简化的考核程序即医师定期考核的一般程序是什么？三是本法施行后，医师定期考核的受委托组织限于医疗卫生机构和行业组织，学术团体不再担任考核任务。

第3款规定了受委托的机构或者组织就医师考核结果向准予注册的卫生健康主管部门备案的义务。此处的"准予注册"应当是指准予医师执业注册。由此可以推知：开展医师定期考核的法定机关是准予医师执业注册的相应卫生健康主管部门。

第 4 款规定了"考核不合格"的效力：一是首次考核不合格的效力。县级以上人民政府卫生健康主管部门应当责令其暂停执业活动 3 个月至 6 个月，并接受相关专业培训。二是再次考核不合格的效力。暂停执业活动期满，再次进行考核，对考核合格的，允许其继续执业；不合格的，依据本法第 17 条第（四）项规定，注销注册，废止医师执业证书。

以上仅为医师定期考核基本制度的规定，有关机关应当在本法基础上进一步规定医师执业标准、考核合格标准、委托考核的具体方式、受委托医疗卫生机构和行业组织的标准、一般考核程序、暂停执业活动期间的专业培训、考核结果的综合应用、考核记录和监督等。

第四十三条　省级以上人民政府卫生健康主管部门负责指导、检查和监督医师考核工作。

【本条主旨】本条规定的是负责医师定期考核工作的指导、检查和监督机关。

进行医师定期考核的法定机关是县级以上人民政府卫生健康主管部门，对其指导、检查和监督的机关是省级以上人民政府卫生健康主管部门。

第五章

保障措施

【本章提要】

本章共 10 条，主要规定：①国家建立健全医师人事、薪酬、职称、奖励制度；②疾病预防控制体系的医师培养和使用机制，公共卫生与临床医学相结合的人才培养机制，医防结合体制机制和中西医协同防治体制机制；③统筹城乡资源加强基层医疗卫生队伍和服务能力建设；"卫生支基""卫生支边"与职称晋升挂钩机制；医师在村医疗卫生机构执业鼓励机制；④政府制定乡村医生学历提升及参加医生资格考试鼓励制度，采取措施提高乡村医生医学技术能力和水平，完善乡村医生的服务收入多渠道补助机制和养老等政策的法定职责；⑤表彰奖励制度；⑥医师执业环境、执业安全、人格尊严、人身安全保障的规定；⑦医师职业安全防护、享受工伤保险待遇；⑧医疗卫生机构合理用工、落实带薪休假制度，定期开展健康检查；⑨医疗风险分担机制；⑩新闻媒体责任。

第四十四条 国家建立健全体现医师职业特点和技术劳动价值的人事、薪酬、职称、奖励制度。

对从事传染病防治、放射医学和精神卫生工作以及其他特殊岗位工作的医师，应当按照国家有关规定给予适当的津贴。津贴标准应当定期调整。

在基层和艰苦边远地区工作的医师，按照国家有关规定享受津贴、补贴政策，并在职称评定、职业发展、教育培训和表彰奖励等方面享受优惠待遇。

【本条主旨】本条规定国家建立健全医师人事、薪酬、职称、奖励制度。

本条是《基本医疗卫生与健康促进法》第 55 条要求在本法上的进一步确认。[1]

第 1 款要求国家建立健全体现医师职业特点和技术劳动价值的人事、薪酬、职称、奖励制度，突出强调了"体现医师职业特点和技术劳动价值"。如何认识医师职业特点和技术劳动价值是前提。对于医师职业的特点，首先应当从"需求侧"来评价，民众对医师职业的期望是：高尚的品德、高超的技术、高效的服务，医师职业特点亦是如此。因此，医师的人事、薪酬、职称、奖励制度改革应当以"品德能力业绩"为导向。医师的职业特点决定了医师劳动的"技术密集型"。因此，应当科学设置评价标准，突出实践能力业绩导向，破除唯论文、唯学历、唯奖项、唯"帽子"倾向。[2]

---

〔1〕《基本医疗卫生与健康促进法》第 55 条规定："国家建立健全符合医疗卫生行业特点的人事、薪酬、奖励制度，体现医疗卫生人员职业特点和技术劳动价值。对从事传染病防治、放射医学和精神卫生工作以及其他在特殊岗位工作的医疗卫生人员，应当按照国家规定给予适当的津贴。津贴标准应当定期调整。"

〔2〕《人力资源和社会保障部、国家卫生健康委、国家中医药局关于深化卫生专业技术人员职称制度改革的指导意见》（人社部发〔2021〕51 号），载 http://www.nhc.gov.cn/renshi/s3572/202108/b77ef44b1f7c40bfb8a4381c2f70dc8e.shtml，访问日期：2021 年 8 月 28 日。

第 2 款规定的是特殊岗位医师津贴制度。本款规定传染病防治、放射医学和精神卫生工作三类特殊岗位医师津贴制度，是对现行法的强调。《传染病防治法》第 64 条规定："对从事传染病预防、医疗、科研、教学、现场处理疫情的人员，以及在生产、工作中接触传染病病原体的其他人员，有关单位应当按照国家规定，采取有效的卫生防护措施和医疗保健措施，并给予适当的津贴。"[1]《国务院办公厅关于加强传染病防治人员安全防护的意见》（国办发〔2015〕1 号）还要求："国务院有关部门要制定调整相关津贴和临时性工作补助的具体办法。"《职业病防治法》第 2 条第 2 款规定："本法所称职业病，是指企业、事业单位和个体经济组织等用人单位的劳动者在职业活动中，因接触粉尘、放射性物质和其他有毒、有害因素而引起的疾病。"第 56 条第 4 款规定："用人单位对从事接触职业病危害的作业的劳动者，应当给予适当岗位津贴。""其他特殊岗位工作的医师"主要是指儿科、急诊等岗位的医师。2018 年 8 月，在《国家卫生健康委员会对十三届全国人大一次会议第 2685 号建议的答复》中称："……人力资源和社会保障部将会同发展改革委等部门统筹考虑国家对特殊岗位津贴

---

〔1〕《国务院办公厅关于加强传染病防治人员安全防护的意见》（国办发〔2015〕1 号）规定："六、完善传染病防治人员工资待遇倾斜政策 根据《中华人民共和国传染病防治法》和《突发公共卫生事件应急条例》等法律法规规定，对从事传染病预防、医疗、科研、教学及现场处理疫情的人员，以及在生产、工作中接触传染病病原体的其他人员给予适当津贴，并建立动态调整机制。对直接参与国内传染病类突发公共卫生事件现场调查处置、患者救治、口岸检疫、动物防疫等各类一线工作的人员，以及政府选派直接参与国外重大传染病疫情防治工作的医疗和公共卫生等防控人员，根据工作风险、强度和时间给予临时性工作补助。国务院有关部门要制定调整相关津贴和临时性工作补助的具体办法。"

补贴统一管理……"〔1〕

第 3 款规定的是对基层和艰苦边远地区工作的医师在津贴、补贴政策、职称评定、职业发展、教育培训和表彰奖励等方面倾斜，是"坚持问题导向，强基层、补短板、堵漏洞"立法指导原则的体现。〔2〕2021 年 8 月，在人力资源和社会保障部专技司、国家卫生健康委人事司、国家中医药局人事教育司有关负责同志就印发《关于深化卫生专业技术人员职称制度改革的指导意见》答记者问时曾提道，该指导意见明确指出，对基层卫生专业技术人员的论文、科研和职称外语不作要求，重点评价基层医疗服务能力和水平。对长期在基层服务、业绩突出、表现优秀的卫生专业技术人员，可适当放宽学历要求，同等条件下优先评聘。各地可单独设立基层职称评审委员会或评审组，对艰苦边远地区和基层一线卫生专业技术人员实行"定向评价、定向使用"。〔3〕

第四十五条　国家加强疾病预防控制人才队伍建设，建立适应现代化疾病预防控制体系的医师培养和使用机制。

疾病预防控制机构、二级以上医疗机构以及乡镇卫生院、

---

〔1〕《国家卫生健康委员会对十三届全国人大一次会议第 2685 号建议的答复》，载 http://www.nhc.gov.cn/wjw/jiany/201812/0dc1df5b045b41888b66cc8d78284970.shtml，访问日期：2018 年 8 月 28 日。

〔2〕参见全国人大教育科学文化卫生委员会副主任委员刘谦《关于修订〈中华人民共和国执业医师法〉的说明——2021 年 1 月 20 日在第十三届全国人民代表大会常务委员会第二十五次会议上》。

〔3〕"人力资源和社会保障部专技司、国家卫生健康委人事司、国家中医药局人事教育司有关负责同志就印发《关于深化卫生专业技术人员职称制度改革的指导意见》答记者问"，载 http://www.gov.cn/zhengce/2021-08/05/content_5629575.html，访问日期：2021 年 8 月 28 日。

社区卫生服务中心等基层医疗卫生机构应当配备一定数量的公共卫生医师，从事人群疾病及危害因素监测、风险评估研判、监测预警、流行病学调查、免疫规划管理、职业健康管理等公共卫生工作。医疗机构应当建立健全管理制度，严格执行院内感染防控措施。

国家建立公共卫生与临床医学相结合的人才培养机制，通过多种途径对临床医师进行疾病预防控制、突发公共卫生事件应对等方面业务培训，对公共卫生医师进行临床医学业务培训，完善医防结合和中西医协同防治的体制机制。

【本条主旨】本条规定的是疾病预防控制体系的医师培养和使用机制，公共卫生与临床医学相结合的人才培养机制，医防结合体制机制和中西医协同防治体制机制。

本条是本法的重要新增内容，对于健全我国公共卫生防控体系，增强公共卫生防控能力，具有重要作用。

第1款为"国家加强疾病预防控制人才队伍建设，建立适应现代化疾病预防控制体系的医师培养和使用机制"。此处，应当从"大卫生、大健康"视角理解，疾病预防控制不应限于传染病防控。"预防控制人才"主要是指医师，而此处的医师也不限于公共卫生医师，应包括全部类别的医师，如西医师、中医师、口腔医师、公共卫生医师，乃至乡村医生均在此列。"建立适应现代化疾病预防控制体系的医师培养和使用机制"的规定在于如何建立以及建立的"医师培养和使用机制"能否"适应现代化疾病预防控制体系"。

第2款第一句要求医疗卫生机构配备一定数量的公共卫生

医师从事公共卫生工作。[1]这一规定旨在为医疗卫生机构增强公共卫生防控能力提供公共卫生医师专业人才保障，是第一款规定的疾病预防控制体系的医师使用机制的重要内容。但是本句可能存在的问题是：根据《基本医疗卫生与健康促进法》，基层医疗卫生机构，是指乡镇卫生院、社区卫生服务中心（站）、村卫生室、医务室、门诊部和诊所等；专业公共卫生机构，是指疾病预防控制中心、专科疾病防治机构、健康教育机构、急救中心（站）和血站等。如此，疾病预防控制机构、二级以上医疗机构、基层医疗卫生机构，并不包括：①专科疾病防治机构、健康教育机构、急救中心（站）、血站等专业公共卫生机构；②二级以下医疗机构（至少包括一级医院、未定级医院等）。本款第二句"医疗机构应当建立健全管理制度，严格执行院内感染防控措施"，属于对院内感染防控的强调，但是该工作亦应属于本款第一句的重要内容。[2]

第3款涉及一个机制、两个体制机制。一个机制即公共卫生与临床医学相结合的人才培养机制；两个体制机制即医防结合体制机制和中西医协同防治体制机制。公共卫生与临床医学相结合的人才培养机制下，实行：①对临床医师进行疾病预防控制、突发公共卫生事件应对等方面的业务培训；②对公共卫生医师进行临床医学的业务培训。本款需要进行体系解释和目的解释方能有效适用：第一，就"公共卫生与临床医学相结

---

〔1〕《基本医疗卫生与健康促进法》第107条规定："本法中下列用语的含义：……（二）医疗卫生机构，是指基层医疗卫生机构、医院和专业公共卫生机构等。（三）基层医疗卫生机构，是指乡镇卫生院、社区卫生服务中心（站）、村卫生室、医务室、门诊部和诊所等。（四）专业公共卫生机构，是指疾病预防控制中心、专科疾病防治机构、健康教育机构、急救中心（站）和血站等……"

〔2〕 南京市卫生健康委胡晓翔先生亦持此观点。

合的人才培养机制"而言,"临床医学"不能限于西医临床医学,应当扩大解释为西医临床医学、中医临床医学、口腔医学,公共卫生医师需要掌握西医临床医学、中医临床医学、口腔医学等知识,而西医医师、中医医师、口腔医师也需要掌握公共卫生学等知识。第二,医防结合体制机制中的"医"也应包括西医临床医学、中医临床医学、口腔医学。第三,中西医协同防治体制机制中的"中西医"应包括所有传统医学和西医学。第四,"完善医防结合和中西医协同防治的体制机制"既涉及体制事项,也涉及机制事项,应当全面综合健全。

实际上,第3款完善医防结合体制机制较中西医协同防治体制机制更为宏观,前者包含后者。以公共卫生事件为视角,无论是预防还是应对,无论是防治对象还是防治主体,无论是防治机理还是防治措施,都具有高度的可融合性。由于学科发展视角上的不同、认识上的差异,临床医学和预防医学、临床诊治和公共卫生、医疗机构和专业公共卫生机构、医政体系和疾控体系,未能协同发展、协同作业。因此,要想弥合医、防之间这一"缝隙"的可行思路主要是:遵循医防协同原则。[1]

第四十六条 国家采取措施,统筹城乡资源,加强基层医疗卫生队伍和服务能力建设,对乡村医疗卫生人员建立县乡村上下贯通的职业发展机制,通过县管乡用、乡聘村用等方式,将乡村医疗卫生人员纳入县域医疗卫生人员管理。

执业医师晋升为副高级技术职称的,应当有累计一年以上在县级以下或者对口支援的医疗卫生机构提供医疗卫生服务的

---

〔1〕 此观点来源于南京市社会科学基金项目结项报告"突发公共卫生事件背景下南京家庭医生制度建设研究"(20YB26),课题负责人:王启辉。

经历；晋升副高级技术职称后，在县级以下或者对口支援的医疗卫生机构提供医疗卫生服务，累计一年以上的，同等条件下优先晋升正高级技术职称。

国家采取措施，鼓励取得执业医师资格或者执业助理医师资格的人员依法开办村医疗卫生机构，或者在村医疗卫生机构提供医疗卫生服务。

【本条主旨】本条规定的内容有：统筹城乡资源，加强基层医疗卫生队伍和服务能力建设；"卫生支基""卫生支边"与职称晋升挂钩机制；医师在村医疗卫生机构执业鼓励机制。

第1款规定："国家采取措施，统筹城乡资源，加强基层医疗卫生队伍和服务能力建设，对乡村医疗卫生人员建立县乡村上下贯通的职业发展机制，通过县管乡用、乡聘村用等方式，将乡村医疗卫生人员纳入县域医疗卫生人员管理。"我国医疗卫生服务组织体系和人民群众就医秩序呈反向配置，其重要原因之一就在于基层医疗卫生队伍数量不足、能力不够。因此，加强基层医疗卫生队伍和服务能力建设是实现医防协同、分级诊疗的基础性工作。第七次全国人口普查显示，我国居住在乡村的人口为50 979万人，占总人口的36.11%。[1]由于受到医疗卫生条件、经济发展水平等限制，这部分人口亟须获得医疗卫生服务保障，其中"乡村医疗卫生人员"是关键的人才保证。为此，地方积极开展了乡村医疗卫生人员队伍建设机制探索。自2009年起，湘乡市积极探索医疗卫生人才"县管

---

〔1〕《第七次全国人口普查主要数据情况》，载 http://www.stats.gov.cn/ztjc/zdtjgz/zgrkpc/dqcrkpc/ggl/202105/t20210519_ 1817693.html，访问日期：2021年8月28日。

乡用"模式,从人才引进、培养和使用等环节入手,以机制吸引人才、留住人才,提升基层卫生人才队伍素质。[1]上海市的村医由社区卫生服务中心聘用,收入待遇纳入财政卫生经费预算;甘肃省规定由村医与乡镇卫生院签订聘用合同,即"乡聘村用"。[2]"将乡村医疗卫生人员纳入县域医疗卫生人员管理",有利于乡村医疗卫生人员在县域内的统筹管理,也有利于"建立县乡村上下贯通的职业发展机制"。[3]

第 2 款规定的是建立医师"卫生支基""卫生支边"机制。本机制下,执业医师晋升为副高级技术职称的,应当有累计一年以上的"卫生支基""卫生支边"经历;需要晋升正高级技术职称的,如有累计一年以上的"卫生支基""卫生支边"经历,有同等条件下的优先权。但是,本款也存在以下问题:一是,第一句中的"应当"是否为"必须"?二是本款如没有第二句,则对第一句中的"执业医师晋升为副高级技术职称的",既可以解释为晋升前,也可以理解为晋升后,这一点有待完善。三是"县级以下"是否包括县级,本款同样存在不同解释可能。

在适用本款时,还需要注意:执业医师在住院医师、主治医师期间有累计 1 年以上"卫生支基""卫生支边"经历的,也在"执业医师晋升为副高级技术职称的"文义射程之内。

---

〔1〕"湖南省湘乡市:用机制破解乡镇卫生院'人才荒'",载 http://www.nhc.gov.cn/tigs/s9661/201205/8e07fbb4315a4cff8522125983a9e29a.shtml,访问日期:2021 年 8 月 28 日。

〔2〕《国家卫生健康委员会关于政协十三届全国委员会第二次会议第 1962 号(医疗体育类 200 号)提案答复的函》,载 http://www.nhc.gov.cn/wjw/tia/202009/c0f73e9cf1234133 99835bd7e8ea3fc9.shtml,访问日期:2021 年 8 月 28 日。

〔3〕《基本医疗卫生与健康促进法》第 56 条第 5 款规定:"国家加强乡村医疗卫生队伍建设,建立县乡村上下贯通的职业发展机制,完善对乡村医疗卫生人员的服务收入多渠道补助机制和养老政策。"

第 3 款规定："国家采取措施，鼓励取得执业医师资格或者执业助理医师资格的人员依法开办村医疗卫生机构，或者在村医疗卫生机构提供医疗卫生服务。"本款是将《乡村医生从业管理条例》第 8 条予以法律化。[1]本款需要解释的是：

第一，"村医疗卫生机构"应是指《医疗机构管理条例实施细则》第 3 条第（八）项所称的"村卫生室（所）"，但此处的"村"是否仅是地域上的要求，如此，村内开诊所、门诊部，是否属于村医疗卫生机构？

第二，"取得执业医师资格或者执业助理医师资格的人员"开办村医疗卫生机构或者在村医疗卫生机构提供医疗卫生服务应事先获得准予注册，取得《医师执业证书》，且适用《医师法》的规定管理。[2]但是，"取得执业医师资格或者执业助理医师资格的人员"以"乡村医生"职业身份"开办村医疗卫生机构或者在村医疗卫生机构提供医疗卫生服务"是否可以本法没有明确；虽然未注册为执业医师或执业助理医师，对于在形式上比"乡村医生"具有较高执业能力的"取得执业医师资格或者执业助理医师资格的人员"，似应许其"乡村医生"职业身份。

第三，"取得执业医师资格或者执业助理医师资格的人员"在村医疗卫生机构执业，许可其开展的"预防、保健和医疗

---

［1］《乡村医生从业管理条例》第 8 条规定："国家鼓励取得执业医师资格或者执业助理医师资格的人员，开办村医疗卫生机构，或者在村医疗卫生机构向村民提供预防、保健和医疗服务。"

［2］《乡村医生从业管理条例》第 2 条规定："本条例适用于尚未取得执业医师资格或者执业助理医师资格，经注册在村医疗卫生机构从事预防、保健和一般医疗服务的乡村医生。村医疗卫生机构中的执业医师或者执业助理医师，依照执业医师法的规定管理，不适用本条例。"

服务"范围，尚不明确，需要进一步完善。

第四十七条 国家鼓励在村医疗卫生机构中向村民提供预防、保健和一般医疗服务的乡村医生通过医学教育取得医学专业学历；鼓励符合条件的乡村医生参加医师资格考试，依法取得医师资格。

国家采取措施，通过信息化、智能化手段帮助乡村医生提高医学技术能力和水平，进一步完善对乡村医生的服务收入多渠道补助机制和养老等政策。

乡村医生的具体管理办法，由国务院制定。

【本条主旨】本条赋予政府制定乡村医生学历提升及参加医生资格考试鼓励制度、采取措施提高乡村医生医学技术能力和水平，完善乡村医生的服务收入多渠道补助机制和养老等政策的法定职责。

第1款规定的是乡村医生学历提升及参加医生资格考试鼓励制度。《乡村医生从业管理条例》（自2004年1月1日起施行）之下，乡村医生有两类：一类是具有中等医学专业学历的人员；另一类是经培训达到中等医学专业水平的其他人员。[1]该条例第7条同时规定："国家鼓励乡村医生通过医学教育取得医学专业学历；鼓励符合条件的乡村医生申请参加国家医师资格考试。"因此，《医师法》本条第1款是对《乡村医生从

---

〔1〕《乡村医生从业管理条例》第12条规定："本条例公布之日起进入村医疗卫生机构从事预防、保健和医疗服务的人员，应当具备执业医师资格或者执业助理医师资格。不具备前款规定条件的地区，根据实际需要，可以允许具有中等医学专业学历的人员，或者经培训达到中等医学专业水平的其他人员申请执业注册，进入村医疗卫生机构执业。具体办法由省、自治区、直辖市人民政府制定。"

业管理条例》已有制度的确认。不过，在法律规范表达上，《乡村医生从业管理条例》更加言简意赅。但是，具体的鼓励政策内容尚待进一步制定。

第2款规定，国家承诺采取措施提升乡村医生"医学技术能力和水平"，完善服务收入多渠道补助机制和养老等政策。

值得注意的是：本法第23条、第40条的用词是"医学专业技术能力"，本条及第64条使用的则是"医学技术能力"，至于为何有所区别，从条文本身难以探知。

第3款是授权性规范，明确国务院应当根据本法修订现行《乡村医生从业管理条例》。

第四十八条　医师有下列情形之一的，按照国家有关规定给予表彰、奖励：

（一）在执业活动中，医德高尚，事迹突出；

（二）在医学研究、教育中开拓创新，对医学专业技术有重大突破，做出显著贡献；

（三）遇有突发事件时，在预防预警、救死扶伤等工作中表现突出；

（四）长期在艰苦边远地区的县级以下医疗卫生机构努力工作；

（五）在疾病预防控制、健康促进工作中做出突出贡献；

（六）法律、法规规定的其他情形。

【本条主旨】本条是对医师的表彰奖励制度的引致性规范。

本条是《执业医师法》第 33 条的延续，[1]但有所不同。在法律适用上，《执业医师法》第 33 条可直接适用，而本条不能直接适用，在具体情形中应当按照"国家有关规定"，且该"国家有关规定"是指法律、法规的规定；在条文内容和规范功能上，本条与本法第 6 条第 2 款基本一致。

在具体情形方面：

第（一）项"在执业活动中，医德高尚，事迹突出"，与《执业医师法》第 33 条第（一）项相同。

第（二）项"在医学研究、教育中开拓创新，对医学专业技术有重大突破，做出显著贡献"，较《执业医师法》第 33 条第（二）项增加了"在医学研究、教育中开拓创新"，其优点在于：既体现了对创新的激励，更体现了对医学教育体系的完善。

第（三）项"遇有突发事件时，在预防预警、救死扶伤等工作中表现突出"，较《执业医师法》第 33 条第（三）项突出了"预防预警"。

第（四）项"长期在艰苦边远地区的县级以下医疗卫生机构努力工作"，较《执业医师法》第 33 条第（四）项删除了"少数民族地区"。

第（五）项"在疾病预防控制、健康促进工作中做出突出

---

[1]《执业医师法》第 33 条规定："医师有下列情形之一的，县级以上人民政府卫生行政部门应当给予表彰或者奖励：（一）在执业活动中，医德高尚，事迹突出的；（二）对医学专业技术有重大突破，作出显著贡献的；（三）遇有自然灾害、传染病流行、突发重大伤亡事故及其他严重威胁人民生命健康的紧急情况时，救死扶伤、抢救诊疗表现突出的；（四）长期在边远贫困地区、少数民族地区条件艰苦的基层单位努力工作的；（五）国务院卫生行政部门规定应当予以表彰或者奖励的其他情形的。"

贡献"，是本法增设的内容，体现了"大卫生、大健康"理念。

第（六）项"法律、法规规定的其他情形"，较《执业医师法》第 33 条第（五）项，将国家层面给予医师表彰奖励的法律渊源限定为法律、法规，不包括规章及其他规范性文件。

第四十九条　县级以上人民政府及其有关部门应当将医疗纠纷预防和处理工作纳入社会治安综合治理体系，加强医疗卫生机构及周边治安综合治理，维护医疗卫生机构良好的执业环境，有效防范和依法打击涉医违法犯罪行为，保护医患双方合法权益。

医疗卫生机构应当完善安全保卫措施，维护良好的医疗秩序，及时主动化解医疗纠纷，保障医师执业安全。

禁止任何组织或者个人阻碍医师依法执业，干扰医师正常工作、生活；禁止通过侮辱、诽谤、威胁、殴打等方式，侵犯医师的人格尊严、人身安全。

【本条主旨】本条是关于医师执业环境、执业安全、人格尊严、人身安全保障的规定。

第 1 款是对《基本医疗卫生与健康促进法》第 57 条第 3 款"国家采取措施，保障医疗卫生人员执业环境"的进一步落实，赋予县级以上人民政府及其有关部门维护医疗卫生机构执业环境的法定职责。对此，《医疗纠纷预防和处理条例》第 5 条亦规定："县级以上人民政府应当加强对医疗纠纷预防和处理工作的领导、协调，将其纳入社会治安综合治理体系，建立部门分工协作机制，督促部门依法履行职责。"

第 2 款是赋予医疗卫生机构在完善安全保卫措施，维护良好的医疗秩序，及时主动化解医疗纠纷，保障医师执业安全等方面的法定职责，是在《企业事业单位内部治安保卫条例》基础上的法律化。本条适用的关键在于医疗卫生机构在法律规定范围内如何采取"安全保卫措施"，即既要维护良好的医疗秩序，保障医师执业安全，也不能损害患者及其家属的合法权益。

第3款"禁止任何组织或者个人阻碍医师依法执业，干扰医师正常工作、生活；禁止通过侮辱、诽谤、威胁、殴打等方式，侵犯医师的人格尊严、人身安全"，与本法第60条的规定一致。本款适用应按照《治安管理处罚法》处理。

第五十条　医疗卫生机构应当为医师提供职业安全和卫生防护用品，并采取有效的卫生防护和医疗保健措施。

医师受到事故伤害或者在职业活动中因接触有毒、有害因素而引起疾病、死亡的，依照有关法律、行政法规的规定享受工伤保险待遇。

【本条主旨】本条规定的是医师职业安全防护、享受工伤保险待遇。

《基本医疗卫生与健康促进法》第23条第2款规定："用人单位应当控制职业病危害因素，采取工程技术、个体防护和健康管理等综合治理措施，改善工作环境和劳动条件。"该条是关于劳动领域健康促进的法律规定。对此，《劳动法》第54条规定："用人单位必须为劳动者提供符合国家规定的劳动安全卫生条件和必要的劳动防护用品，对从事有职业危害作业的劳动者应当定期进行健康检查。"

可见，《医师法》本条规定是上述法律规定在医师职业领域的重述，但是，本条重在强调医疗卫生机构为医师"采取有效的卫生防护和医疗保健措施"。

第五十一条　医疗卫生机构应当为医师合理安排工作时间，落实带薪休假制度，定期开展健康检查。

【本条主旨】本条是对医疗卫生机构合理用工、落实带薪休假制度，定期开展健康检查的规定。

由于医疗卫生资源配置总量不足、分配不均衡，分级诊疗秩序尚未形成，我国医师长期超负荷工作已是共识。这给医师健康、医疗质量、患者安全、医患沟通，带来了严重挑战。因此，医疗卫生机构应当为医师合理安排工作时间。而医疗卫生机构为医师合理安排工作时间的前提是医疗卫生机构医师人力资源合理配置，从深层次上讲，医疗卫生机构医师人力资源的配置是否合理还取决于医疗卫生机构的投入渠道、价格机制、分配方式等问题。

休息休假的权利是劳动者的基本权利。带薪休假权是劳动者享有的由雇主给付薪酬的年度休假权利。[1]《劳动法》第45条第1款规定："国家实行带薪年休假制度。"但是，《职工带薪年休假条例》确立的职工带薪年休假是自愿休假制度，[2]即"单位确因工作需要不能安排职工休年休假的，经职工本人同意，可以不安排职工休年休假。对职工应休未休的年休假天数，单位应当按照该职工日工资收入的300%支付年休假工

---

〔1〕　宁立标："论我国带薪休假权保障立法的完善"，载《法商研究》2016年第2期，第17~26页。

〔2〕　《职工带薪年休假条例》第5条规定："单位根据生产、工作的具体情况，并考虑职工本人意愿，统筹安排职工年休假。年休假在1个年度内可以集中安排，也可以分段安排，一般不跨年度安排。单位因生产、工作特点确有必要跨年度安排职工年休假的，可以跨1个年度安排。单位确因工作需要不能安排职工休年休假的，经职工本人同意，可以不安排职工休年休假。对职工应休未休的年休假天数，单位应当按照该职工日工资收入的300%支付年休假工资报酬。"

资报酬"。这也为医师长期超负荷工作埋下了制度隐患。因此，为了医师健康，应当实施强制年休假制度，杜绝因"自愿休假制度"而实际上剥夺医师休息休假的权利。

《劳动法》《劳动合同法》并未赋予所有用人单位对劳动者给予定期健康检查的义务，而是仅要求"对从事有职业危害作业的劳动者应当定期进行健康检查"。[1]《医师法》本条是首次规定医疗卫生机构对医师负有定期开展健康检查的义务。

第五十二条 国家建立完善医疗风险分担机制。医疗机构应当参加医疗责任保险或者建立、参加医疗风险基金。鼓励患者参加医疗意外保险。

【本条主旨】本条是关于医疗风险分担机制的规定。

首次规定医疗风险分担机制的是行政法规《医疗纠纷预防和处理条例》。[2]《基本医疗卫生与健康促进法》第47条再次规定，国家建立完善医疗风险分担机制，鼓励医疗机构参加医疗责任保险或者建立医疗风险基金，鼓励患者参加医疗意外保险。《医师法》本条与《基本医疗卫生与健康促进法》第47

---

〔1〕《劳动法》第54条规定："用人单位必须为劳动者提供符合国家规定的劳动安全卫生条件和必要的劳动防护用品，对从事有职业危害作业的劳动者应当定期进行健康检查。"《劳动合同法》第42条规定："劳动者有下列情形之一的，用人单位不得依照本法第四十条、第四十一条的规定解除劳动合同：（一）从事接触职业病危害作业的劳动者未进行离岗前职业健康检查，或者疑似职业病病人在诊断或者医学观察期间的……"

〔2〕《医疗纠纷预防和处理条例》第7条规定："国家建立完善医疗风险分担机制，发挥保险机制在医疗纠纷处理中的第三方赔付和医疗风险社会化分担的作用，鼓励医疗机构参加医疗责任保险，鼓励患者参加医疗意外保险。"

条有所不同的是：

第一，前者是要求医疗机构参加医疗责任保险，或者建立、参加医疗风险基金；后者是鼓励医疗机构参加医疗责任保险或者建立医疗风险基金。比较可知，《医师法》体现出立法者对于医疗风险分担机制的硬性要求和坚决态度。按照新法优于旧法的原则，应当适用《医师法》的规定。

第二，前者规定医疗机构既可以"建立"医疗风险基金，也可参加"医疗风险基金"；后者没有"参加"医疗风险基金的规定。这实际上体现了立法者对目前"医疗风险基金"制度实践经验的认可：一方面，设置医疗风险基金制度的目的在于化解因医疗风险引发的经济风险，如果医疗机构自己可以建立足以应对其医疗风险的独立的医疗风险基金，则法律不应强求医疗机构参与其他医疗风险基金。该部分医疗机构主要是大型医疗机构。另一方面，如果凭借自己的力量难以建立独立的医疗风险基金，医疗机构间可以共同建立医疗风险基金，其他医疗机构可以参加到该基金中。该等医疗机构主要是基层医疗机构，尤其是非公立医疗机构。

对于医疗责任保险、医疗风险基金，需要认识到：

第一，无论是医疗责任保险还是医疗风险基金，其所要抵御的风险是医疗机构基于自己责任的经济风险，尚不能直接为医师执业提供法律保障。因此，应当研究制定由医师直接参与的医疗责任保险或医疗风险基金，并真正降低医师的执业风险。只不过，我国医师执业始终是"单位人"身份，所以，医疗风险责任承担者实际上是医疗机构而不是医师个人。从这个意义上说，医疗机构购买医疗责任保险由医师直接分担保险费用的法律依据不足。医师执业经济风险受《劳动法》的特别保护。在劳动法的特别保护之下，医师基本可以化解个人因医疗责任引发的经济风险。

第二，医师可以通过购买职业责任保险为化解个人经济风险提供保障，但这一做法的必要性有限。此处的保险标的为医师的个人经济赔偿责任，该经济赔偿责任的权利主体在于医疗机构而非患者，即医疗机构对医师享有追偿权，而该追偿权受到法律的限制。《民法典》第1191条第1款规定："用人单位的工作人员因执行工作任务造成他人损害的，由用人单位承担侵权责任。用人单位承担侵权责任后，可以向有故意或者重大过失的工作人员追偿。"根据该条规定，一方面，医疗机构因医疗损害责任承担赔偿责任的性质是替代责任，医疗损害赔偿责任中医师并非赔偿义务人。另一方面，医师承担赔偿责任的前提之一是作为用人单位的医疗机构因医师的故意或重大过失行使追偿权。具体案件中，"应根据具体行为人对损害发生的过错程度和行为性质来判断该工作人员应承担的责任。只有在工作人员有故意或者重大过失，该行为超越了法律赋予的职权或单位的授权范围，造成侵权时，用人单位才享有向该员工追偿的权利"。[1]

另外，医疗损害责任适用过错责任原则，因此，发生医疗意外的，该风险由患者本人承担。为了化解该风险，本款鼓励患者参加医疗意外保险，但就是在此意义上，学者反对医疗机构为患者购买医疗意外险。[2]

---

〔1〕 最高人民法院民法典贯彻实施工作领导小组主编：《中华人民共和国民法典侵权责任编理解与适用》，人民法院出版社2020年版，第234页。

〔2〕 王启辉、汤建平、王晓东："医疗机构不应就患者的医疗意外伤害投保责任险"，载《临床误诊误治》2012年第11期，第71~73页。

第五十三条 新闻媒体应当开展医疗卫生法律、法规和医疗卫生知识的公益宣传，弘扬医师先进事迹，引导公众尊重医师、理性对待医疗卫生风险。

【本条主旨】本条是关于新闻媒体责任的规定。

本条要求新闻媒体：①开展医疗卫生法律、法规和医疗卫生知识的公益宣传；②弘扬医师先进事迹。目的是引导公众尊重医师、理性对待医疗卫生风险。对于新闻媒体来说，其尤其是要遵守《中国新闻工作者职业道德准则》，引导公众"理性对待医疗卫生风险"，推动在全社会形成尊医重卫的良好氛围。

第六章

法律责任

【本章提要】

本章共10条，主要规定：①医师资格考试违纪、以不正当手段取得医师资格证书或者医师执业证书，伪造、变造、买卖、出租、出借医师执业证书的行政责任；②医师执业过失的行政责任；③医师故意行为的行政责任；④未按注册的执业地点、执业类别、执业范围执业的行政责任；⑤严重违反医师职业道德、医学伦理规范造成恶劣社会影响的行政责任；⑥非医师行医的行政责任；⑦对医师实施构成违反治安管理行为的行政处罚；⑧医疗卫生机构未履行报告职责造成严重后果的行政责任；⑨对行政部门及其工作人员、医疗卫生机构工作人员弄虚作假、滥用职权、玩忽职守、徇私舞弊的处分责任；⑩本法关于刑事责任、民事责任的引致性规范。

第五十四条　在医师资格考试中有违反考试纪律等行为，情节严重的，一年至三年内禁止参加医师资格考试。

以不正当手段取得医师资格证书或者医师执业证书的，由发给证书的卫生健康主管部门予以撤销，三年内不受理其相应申请。

伪造、变造、买卖、出租、出借医师执业证书的，由县级以上人民政府卫生健康主管部门责令改正，没收违法所得，并处违法所得二倍以上五倍以下的罚款，违法所得不足一万元的，按一万元计算；情节严重的，吊销医师执业证书。

【本条主旨】本条是关于医师资格考试违纪、以不正当手段取得医师资格证书或者医师执业证书，伪造、变造、买卖、出租、出借医师执业证书的行政责任的规定。

第 1 款规定的是医师资格考试违纪责任：在医师资格考试中有违反考试纪律等行为，情节严重的，1 年至 3 年内禁止参加医师资格考试。此处需要明确以下几个问题：第一，何为"情节严重"？第二，情节较"情节严重"轻微的，如何处理？第三，本款与《刑法》之"代替考试罪"条款的关系是什么？[1]

部门规章《医师资格考试违纪违规处理规定》（自 2014 年 9 月 10 日起施行）根据考试违纪违规情节的轻重，对考生分别作出：①当年该单元或者考站考试成绩无效；②当年考试成绩无效；③当年考试成绩无效且 2 年内不得报考医师资格；④当年考试成绩无效且终身不得报考医师资格的处理。⑤在校医学生参与有组织作弊情节严重的，终身不得报考医师资格。《医师资格考试违纪违规处理规定》的规定似与《医师法》本条第一款和《刑法》"代替考试罪"条款存在冲突，有进一步修订、解释的必要。

第 2 款是对《执业医师法》第 36 条第一句"以不正当手

---

〔1〕《刑法》第 284 条之一第 4 款规定："代替他人或者让他人代替自己参加第一款规定的考试的，处拘役或者管制，并处或者单处罚金。"

段取得医师执业证书的,由发给证书的卫生行政部门予以吊销"的完善。[1]本款的合理性在于:第一,对于"以不正当手段取得医师执业证书的",《执业医师法》规定的是"吊销",《医师法》规定的是"撤销"。鉴于"以不正当手段取得医师执业证书"缺乏取得医师执业证书的正当性,因此其法律后果是撤销准予注册的行政行为,结果等于准予注册的具体行政行为从未发生过,而吊销医师执业证书则是依法取得医师执业资格的医师因其违法行为受到的使准予注册向后失去效力的行政行为。可见,两者的适用前提和法定事由不同。第二,《执业医师法》仅规定了"以不正当手段取得医师执业证书的"的处罚,对于以此"取得医师资格证书"的情形,存在法律漏洞,《医师法》本款予以补漏。第三,"以不正当手段取得医师资格证书"与本条第1款的关系应是交叉关系,应注意法律适用问题。第四,"三年内不受理其相应申请"之"申请"至少应当包括申请参加医师资格考试、申请确认医师资格、申请医师执业许可。

第3款规定的是伪造、变造、买卖、出租、出借医师执业证书的行政责任。首先,无论伪造、变造,还是买卖、出租、出借医师执业证书,除由县级以上人民政府卫生健康主管部门责令改正外,一律没收违法所得并处罚款。其次,情节严重的,吊销医师执业证书。此处需要解释的是,"吊销医师执业证书"须以拥有合法取得的医师执业资格及执业证书为前提,因此,并非所有的"伪造、变造"医师执业证书的行为,均

---

[1] 《执业医师法》第36条规定:"以不正当手段取得医师执业证书的,由发给证书的卫生行政部门予以吊销;对负有直接责任的主管人员和其他直接责任人员,依法给予行政处分。"

会受到"吊销"的行政处罚，除非医师执业证书的合法持有人自行或者参与该伪造、变造行为。最后，受到该等行政处罚的，并不免除"伪造、变造、买卖国家机关公文、证件、印章罪"的责任追究。[1]

第五十五条　违反本法规定，医师在执业活动中有下列行为之一的，由县级以上人民政府卫生健康主管部门责令改正，给予警告；情节严重的，责令暂停六个月以上一年以下执业活动直至吊销医师执业证书：

（一）在提供医疗卫生服务或者开展医学临床研究中，未按照规定履行告知义务或者取得知情同意；

（二）对需要紧急救治的患者，拒绝急救处置，或者由于不负责任延误诊治；

（三）遇有自然灾害、事故灾难、公共卫生事件和社会安全事件等严重威胁人民生命健康的突发事件时，不服从卫生健康主管部门调遣；

（四）未按照规定报告有关情形；

（五）违反法律、法规、规章或者执业规范，造成医疗事故或者其他严重后果。

【本条主旨】本条主要规定的是医师执业过失的行政责任。

第一，本条规定的法律责任有：一是给予警告；二是责令暂停6个月以上1年以下执业活动直至吊销医师执业证书。对

---

〔1〕《刑法》第280条第1款规定："伪造、变造、买卖或者盗窃、抢夺、毁灭国家机关的公文、证件、印章的，处三年以下有期徒刑、拘役、管制或者剥夺政治权利，并处罚金；情节严重的，处三年以上十年以下有期徒刑，并处罚金。"

于"情节严重的",看似仅有两档行政处罚：第一档是责令暂停 6 个月以上 1 年以下执业活动；第二档是吊销医师执业证书。但是，一方面，按照《行政处罚法》的规定，仅"资格罚"，至少有暂扣许可证件、降低资质等级、限制从业限制从业等。[1]在本法允许中西医师可以互用中西医诊疗方法，医师可以增设执业范围的背景之下，至少限制从业可以作为行政处罚的种类之一，而且该类处罚轻于吊销医师执照证书。另一方面，本条规定为卫生健康主管部门的行政处罚自由裁量权留下了巨大空间，既不利于对医师权利的保护，也不利于对卫生健康行政监管的监督。从现有法律制度来看，在法律责任部分使用"直至"一词的还有如《生物安全法》第 73 ~ 74 条，《食品安全法》第 125 条、第 126 条，《教育法》第 76 条，《海关法》第 87 条，《海上交通安全法》第 95 ~ 97 条，第 108 条、第 112 ~ 113 条，《出口管制法》第 34 条，37 ~ 38 条。

第（一）项为"在提供医疗卫生服务或者开展医学临床研究中，未按照规定履行告知义务或者取得知情同意"。首先，"取得知情同意"的用词表明立法者可能对所谓"知情同意"存在医患主体关系的误解。医师的告知义务对应的是患者的知情权；患者的同意权实际上是其自我决定权，患者可以基于知情行使自我决定权，并授权医师开展相应医疗行为或开展医学临床研究。所谓取得同意，实际上是获得患者授权。本款"取得知情同意"，要么"知情"二字多余，要么强求解释

---

〔1〕《行政处罚法》第 9 条规定："行政处罚的种类：（一）警告、通报批评；（二）罚款、没收违法所得、没收非法财物；（三）暂扣许可证件、降低资质等级、吊销许可证件；（四）限制开展生产经营活动、责令停产停业、责令关闭、限制从业；（五）行政拘留；（六）法律、行政法规规定的其他行政处罚。"

者违反逻辑地将其解释为"取得已经获得知情的同意"。其次,"医疗卫生服务"和"医学临床研究"显然具有不同的目的、不同的风险,立法者将涉及二者的违反知情同意制度的行为并列规定,看似节约了立法资源,其实忽略了二者之间的本质不同,从而混淆了二者应有的相应法律责任。最后,本款表述存在赘余,"在提供医疗卫生服务或者开展医学临床研究中",本可以直接表述为"提供医疗卫生服务或者开展医学临床研究",如此,一定程度上也可以避免"在""中"可能引起的歧义。

第(二)项为"对需要紧急救治的患者,拒绝急救处置,或者由于不负责任延误诊治"。本款存在的争议是:"或者"前后的关系问题,即"由于不负责任延误诊治"是否仅指向"对需要紧急救治的患者"?相比较而言,《执业医师法》第37条第(二)项"由于不负责任延误急危患者的抢救和诊治,造成严重后果的"之规定,更加清晰、准确。

第(三)项"遇有自然灾害、事故灾难、公共卫生事件和社会安全事件等严重威胁人民生命健康的突发事件时,不服从卫生健康主管部门调遣"是对违背本法第32条所规定的法律责任。

第(四)项为"未按照规定报告有关情形",对应的是本法第33条的6种情形,其关键在于赋予医师报告义务的"有关规定"的法律渊源,若无该等法律渊源,则不能直接适用本条法律责任。

第(五)项为"违反法律、法规、规章或者执业规范,造成医疗事故或者其他严重后果"。前四项规定的是具体的"行为",与本条"医师在执业活动中有下列行为之一的"表述相一致。与前四项不同：本项不但规定了具体的"行为"，在适用时还应符合"造成医疗事故或者其他严重后果"这一要件。本项还需要关注以下几个问题：

第一，此处"执业规范"与本法第 42 条第 2 款之"执业标准"的关系是什么？从语言表达而言，"执业规范"主要指技术规范，不包括"法律、法规、规章"，而"执业标准"包含了"执业规范"和"法律、法规、规章"。

第二，本项与前四项的关系是什么？单纯从本项表述来看，本项的行为显然包括了前四项的行为，那么，在适用时，"造成医疗事故或者其他严重后果"当然适用本项。但是，如此一来，相同的违法行为，无论是否造成"医疗事故或者其他严重后果"，其法律后果评价都相同，这显然违背了"相同问题相同评价"的基本原则。因此，本项应当进行限缩解释，即本项"违反法律、法规、规章或者执业规范"的行为不包括前四项的行为。按照这一解释逻辑，可以推知：一是存在单纯的前四项违法行为的，当然适用本条法律责任；二是"违反法律、法规、规章或者执业规范"未造成"医疗事故或者其他严重后果"但不存在前四项违法行为的，不应适用本条法律责任。

第五十六条 违反本法规定，医师在执业活动中有下列行为之一的，由县级以上人民政府卫生健康主管部门责令改正，给予警告，没收违法所得，并处一万元以上三万元以下的罚款；情节严重的，责令暂停六个月以上一年以下执业活动直至吊销医师执业证书：

（一）泄露患者隐私或者个人信息；

　　（二）出具虚假医学证明文件，或者未经亲自诊查、调查，签署诊断、治疗、流行病学等证明文件或者有关出生、死亡等证明文件；

　　（三）隐匿、伪造、篡改或者擅自销毁病历等医学文书及有关资料；

　　（四）未按照规定使用麻醉药品、医疗用毒性药品、精神药品、放射性药品等；

　　（五）利用职务之便，索要、非法收受财物或者牟取其他不正当利益，或者违反诊疗规范，对患者实施不必要的检查、治疗造成不良后果；

　　（六）开展禁止类医疗技术临床应用。

　　【本条主旨】本条主要规定的是医师故意行为的行政责任。

　　与本法第 55 条不同，本条主要规定的是医师故意行为的行政责任。但是：①在责任形态方面，本条增设"没收违法所得"和"罚款"；其中没收违法所得的适用必然是存在故意违法以此牟利的行为，在过失时，不应适用。②其他法律责任形态基本与前条一致，这也体现了立法者对故意行为和过失行为评价上的相对失衡，似乎违背了过罚相当原则。

　　第（一）项为"泄露患者隐私或者个人信息"。此项需要注意的是："泄露患者隐私或者个人信息"既有可能是故意行为，也有可能是过失行为。

　　第（二）项为"出具虚假医学证明文件，或者未经亲自诊查、调查，签署诊断、治疗、流行病学等证明文件或者有关出生、死亡等证明文件"。本项对应的是本法第 24 条。本项是对《执业医师法》第 37 条第（四）项的完善，增设了对"出具虚假医学证明文件"行为的处罚。但是，本项是否包括对出具"与自己执业范围无关或者与执业类别不相符的医学证明文件"的法律责任，似有讨论的余地。

第（三）项为"隐匿、伪造、篡改或者擅自销毁病历等医学文书及有关资料"。本项沿袭了《执业医师法》的规定。此项规定的行为均是故意行为。

第（四）项为"未按照规定使用麻醉药品、医疗用毒性药品、精神药品、放射性药品等"。本项对应的是本法第 28 条第 2 款，关键在于"等"的内涵需要进一步解释确定。

第（五）项为"利用职务之便，索要、非法收受财物或者牟取其他不正当利益，或者违反诊疗规范，对患者实施不必要的检查、治疗造成不良后果"。本项对应的是本法第 31 条。立法参与者将"利用职务之便，索要、非法收受财物或者牟取其他不正当利益"和"违反诊疗规范，对患者实施不必要的检查、治疗造成不良后果"等量齐观，似乎表明医师有"违反诊疗规范，对患者实施不必要的检查、治疗造成不良后果"情形的，主要动机在于牟取其他不正当利益。殊不知，目的不等于动机，即使有"违反诊疗规范，对患者实施不必要的检查、治疗造成不良后果"的情形，医师的主观状态亦有故意和过失之别。

第（六）项为"开展禁止类医疗技术临床应用"。《基本医疗卫生与健康促进法》《医疗纠纷预防和处理条例》《医疗技术临床应用管理办法》建立了医疗技术临床应用许可制度。所谓"禁止类医疗技术"，是指临床应用安全性、有效性不确切；存在重大伦理问题；该技术已经被临床淘汰；未经临床研

究论证的医疗新技术等四类技术。〔1〕此项规定"开展禁止类
医疗技术临床应用"，实际上还存在表达上的错误，若改为
"开展禁止类技术临床应用"更可取。

**第五十七条　违反本法规定，医师未按照注册的执业地
点、执业类别、执业范围执业的，由县级以上人民政府卫生健
康主管部门或者中医药主管部门责令改正，给予警告，没收违
法所得，并处一万元以上三万元以下的罚款；情节严重的，责
令暂停六个月以上一年以下执业活动直至吊销医师执业证书。**

【**本条主旨**】本条规定的是医师违反本法规定，未按照注
册的执业地点、执业类别、执业范围执业的行政责任。

理解本条需要注意以下几个问题：

第一，本条与第18条第2款的关系。医师参加规范化培
训、进修、对口支援、会诊、突发事件医疗救援、慈善或者其
他公益性医疗、义诊，承担国家任务或者参加政府组织的重要
活动等，在医疗联合体内的医疗机构中执业，虽然未在注册地
点（甚至特殊情况下未在注册的执业类别、执业范围）从事
相应活动，但因不违反本法规定，因此不属于违法行为，不适
用本条。

第二，本法"法律责任"规范中，仅此条规定行政处罚
的行政主体包括"中医药主管部门"。为何对其他违法行为的

---

〔1〕《医疗技术临床应用管理办法》第9条规定："医疗技术具有下列情形
之一的，禁止应用于临床（以下简称禁止类技术）：（一）临床应用安全性、有效
性不确切；（二）存在重大伦理问题；（三）该技术已经被临床淘汰；（四）未经
临床研究论证的医疗新技术。禁止类技术目录由国家卫生健康委制定发布或者委
托专业组织制定发布，并根据情况适时予以调整。"

行政处罚排除了"中医药主管部门",立法者的意图和理由不得而知。

第五十八条 严重违反医师职业道德、医学伦理规范,造成恶劣社会影响的,由省级以上人民政府卫生健康主管部门吊销医师执业证书或者责令停止非法执业活动,五年直至终身禁止从事医疗卫生服务或者医学临床研究。

【**本条主旨**】本条是关于严重违反医师职业道德、医学伦理规范,造成恶劣社会影响的行政责任的特别规定。

本条适用的要件是:①严重违反医师职业道德、医学伦理规范;②因此造成恶劣社会影响。其行政责任有:①吊销医师执业证书,或者责令停止非法执业活动;②禁止5年直至终身从事医疗卫生服务或者医学临床研究。

从本法体系来看,本条应当解释为第54条至第57条的并列条款,否则,其因在文意上与该等条款存在明显重叠而难以适用。但是,即便如此,本条的理解和适用亦是错综复杂,疑问重重。因此,本条应是本法最需要立法者进一步解释的条款。

第一,关于构成要件存在一些疑问。"造成恶劣社会影响"似乎与直接的受害者无关,而与社会舆论有关,那么何为"恶劣"社会影响?对于"严重违反医师职业道德、医学伦理规范",在"医师职业道德""医学伦理规范"尚未确定的背景之下,何等程度为"严重"?是否包括第54条至第57条规定的违法行为?这些问题均需进一步解释。

第二,关于法律责任存在几点疑问。对于"五年直至终身禁止从事医疗卫生服务或者医学临床研究",何种情况下禁止医疗卫生服务，何种情况下禁止医学临床研究？仅规定"责令停止非法执业活动"，为何不责令停止非法医学临床研究？难道立法者认为，执业活动包含了医学临床研究，或者认为"责令停止非法执业活动"必然会产生（责令）停止非法医学临床研究的效果？实际上，根据本法第16条的规定来看，"禁止从事医师职业"可包括"禁止从事医疗卫生服务或者医学临床研究"。[1]"五年直至终身"的自由裁量基准是什么？

第三，关于"责令停止非法执业活动"也存在诸多疑问。[2]一是，所谓"非法执业"的标准是法律，还是医师职业道德、医学伦理规范，存在争议；但从本条"严重违反医师职业道德、医学伦理规范"来看，此处的"法"并非法律，至少此处的"非法执业活动"与本法第59条"非医师行医"下的"非法执业活动"不能同等评价。二是，"责令停止非法执业活动"是行政处罚还是一般的行政处理决定，也值得研究，但这一问题的解决又与前者直接相关。在"非医师行医"下的责令"非法执业活动"并未课以相对人义务、增设负担，因此属于命令性责令行为。本条是对医师予以"责令停止非法执业活动"，倾向于认为是处罚性责令行为。三是，无论"责令停止非法执业活动"的法律性质如何，本条表述为"由

---

〔1〕 "从事医师职业"可包括"禁止从事医疗卫生服务或者医学临床研究"。《医师法》第16条规定："有下列情形之一的，不予注册：……（二）受刑事处罚，刑罚执行完毕不满二年或者被依法禁止从事医师职业的期限未满；……"

〔2〕 类似问题，有法律使用"责令停止执业活动"。如《基本医疗卫生与健康促进法》第99条第1款规定："违反本法规定，未取得医疗机构执业许可证擅自执业的，由县级以上人民政府卫生健康主管部门责令停止执业活动，没收违法所得和药品、医疗器械，并处违法所得五倍以上二十倍以下的罚款，违法所得不足一万元的，按一万元计算。"

省级以上人民政府卫生健康主管部门责令停止非法执业活动，并可吊销医师执业证书，或禁止从事医师职业五年以上或终身"，更符合逻辑和体系。

第四，立法者未将该条行政处罚权赋予"准予注册"的卫生健康主管部门，而是提高级别管辖将其赋予"省级以上人民政府卫生健康主管部门"，应是考虑该处罚具有"五年直至终身禁止从事医疗卫生服务或者医学临床研究"后果的严重性。但是，县级人民政府卫生健康主管部门负有对医师的日常行政监管的职责，在未规定其提请查处义务的情况下，省级以上人民政府卫生健康主管部门难以查处相应违法行为。其实，如果立法者认为该处罚具有严厉性而需要更加慎重，则应该采取由"准予注册"的卫生健康主管部门行使（外部行政行为）+省级以上人民政府卫生健康主管部门审查决定（内部行政行为）的执法模式。

第五十九条　违反本法规定，非医师行医的，由县级以上人民政府卫生健康主管部门责令停止非法执业活动，没收违法所得和药品、医疗器械，并处违法所得二倍以上十倍以下的罚款，违法所得不足一万元的，按一万元计算。

【本条主旨】本条主要规定的是非医师行医的行政责任。

适用本条依然需要体系解释：

第一，"违反本法规定"这一前提的限定，为本法第11条"经多年实践医术确有专长的"和"经多年实践，医术确有专长"者，在取得医师资格并注册前"实践"的合法性问题，似乎给予了制度性保障，但需要立法者进一步释明。

第二，"非医师行医的"应结合本法第2条解释理解：本法所称医师，是指依法取得医师资格，经注册在医疗卫生机构中执业的专业医务人员，包括执业医师和执业助理医师。在此意义上讲，医师应取得"医师资格"＋"医师执业资格"，即双证齐全。非双证齐全开展医疗活动，即属于"非医师行医"。

第三，医师经取得"医师资格"和准予注册，则处于医疗卫生机构和卫生健康主管部门的监督管理之下，而不具有双证者，甚至不具有医师资格证书者，并不在卫生健康主管部门监管之下，由其行使该执法权的立法正当性值得研究。

非医师行医的行政责任是：责令停止非法执业活动；没收违法所得和药品、医疗器械；罚款。

第六十条　违反本法规定，阻碍医师依法执业，干扰医师正常工作、生活，或者通过侮辱、诽谤、威胁、殴打等方式，侵犯医师人格尊严、人身安全，构成违反治安管理行为的，依法给予治安管理处罚。

【本条主旨】本条针对的是对医师实施构成违反治安管理行为的行政处罚。

本条适用的前提是"构成违反治安管理行为"，具体表现为：违反本法规定，阻碍医师依法执业，干扰医师正常工作、生活，或者通过侮辱、诽谤、威胁、殴打等方式，侵犯医师人格尊严、人身安全；前者损害了社会公共利益，后者侵犯了医师的人身自由、人格尊严（含人身安全）。至于是否构成违反治安管理行为，应当给予何种行政处罚，应当按照《治安管理处罚法》的规定处理。

对本条的意见：本法第3条第2款规定："医师依法执业，

受法律保护。医师的人格尊严、人身安全不受侵犯。"第5条第3款第一句规定："全社会应当尊重医师。"可见，"违反本法规定"的限定似乎显得多余。因为他人"阻碍医师依法执业，干扰医师正常工作、生活，或者通过侮辱、诽谤、威胁、殴打等方式，侵犯医师人格尊严、人身安全"与合法性不相容，也与本法第49条第3款"禁止任何组织或者个人阻碍医师依法执业，干扰医师正常工作、生活；禁止通过侮辱、诽谤、威胁、殴打等方式，侵犯医师的人格尊严、人身安全"相冲突。

第六十一条　违反本法规定，医疗卫生机构未履行报告职责，造成严重后果的，由县级以上人民政府卫生健康主管部门给予警告，对直接负责的主管人员和其他直接责任人员依法给予处分。

【本条主旨】本条规定的是医疗卫生机构未履行报告职责造成严重后果的行政责任。

适用本条的要件是：①医疗卫生机构违反本法规定未履行报告职责；②因此造成严重后果。所谓"违反本法规定"，是指违反本法第17条的相应规定。法律责任涉及两部分：一是对该医疗卫生机构给予警告；二是对该医疗卫生机构中直接负责的主管人员和其他直接责任人员依法给予处分。在适用处分时，应按照《公职人员政务处分法》《事业单位工作人员处分暂行规定》等相关法律法规规章处理。

对本条的评论意见："对直接负责的主管人员和其他直接责任人员依法给予处分"的适用范围过窄，无法涵盖所有类型的医疗卫生机构的工作人员。在现行法上，对医疗卫生机构工作人员给予"处分"主要适用于两类：

第一类是公职人员。对此，《公职人员政务处分法》确立了政务处分与公职人员任免机关、单位的处分并行的二元处分体制，由任免机关、单位按照干部管理权限对违法公职人员给予处分。[1]公办的教育、科研、文化、医疗卫生、体育等单位中从事管理的人员，属于适用处分的适格主体。因此，对于事业单位性质的医疗卫生机构中的"从事管理的人员"可以适用处分。[2]

第二类是公职人员以外的事业单位性质的医疗卫生机构中非管理岗位的工作人员。该类人员可以适用《事业单位工作人员处分暂行规定》。但是，如此一来，非公办的医疗卫生机构，无论是公益性或者营利性，其直接负责的主管人员和其他直接责任人员均会因主体不适格而无法适用本条。

对于以上法律适用问题，立法者已经在《基本医疗卫生与健康促进法》第 102 条第 2 款作了规定，即"前款规定的人

〔1〕　杜昕怡、肖泽晟："任免机关、单位处分的法律规制研究——基于二元处分体制的语境"，载《湖湘论坛》2021 年第 4 期，第 85~96 页。

〔2〕　《公职人员政务处分法》第 3 条规定："监察机关应当按照管理权限，加强对公职人员的监督，依法给予违法的公职人员政务处分。公职人员任免机关、单位应当按照管理权限，加强对公职人员的教育、管理、监督，依法给予违法的公职人员处分。监察机关发现公职人员任免机关、单位应当给予处分而未给予，或者给予的处分违法、不当的，应当及时提出监察建议。"《监察法》第 15 条规定："监察机关对下列公职人员和有关人员进行监察：（一）中国共产党机关、人民代表大会及其常务委员会机关、人民政府、监察委员会、人民法院、人民检察院、中国人民政治协商会议各级委员会机关、民主党派机关和工商业联合会机关的公务员，以及参照《中华人民共和国公务员法》管理的人员；（二）法律、法规授权或者受国家机关依法委托管理公共事务的组织中从事公务的人员；（三）国有企业管理人员；（四）公办的教育、科研、文化、医疗卫生、体育等单位中从事管理的人员；（五）基层群众性自治组织中从事管理的人员；（六）其他依法履行公职的人员。"

员属于政府举办的医疗卫生机构中的人员的，依法给予处分"。但是问题依旧存在。笔者认为，解决该问题的办法可以是制定统一适用于所有医疗卫生人员（含职业卫生管理人员）的职业法律责任。

第六十二条　违反本法规定，卫生健康主管部门和其他有关部门工作人员或者医疗卫生机构工作人员弄虚作假、滥用职权、玩忽职守、徇私舞弊的，依法给予处分。

【本条主旨】本条是对行政部门及其工作人员、医疗卫生机构工作人员弄虚作假、滥用职权、玩忽职守、徇私舞弊处分责任的规定。

本条内容是对《基本医疗卫生与健康促进法》第98条的进一步强调。[1]本条不能直接适用，须按照相关法律法规规章处理。另外，本条存在两个问题需要注意：

第一，本条规定医疗卫生机构工作人员为责任主体，却并未将"医疗卫生机构"作为责任主体，可能存在疏漏。

第二，对医疗卫生机构工作人员适用处分同样存在第61条非公立医疗卫生机构工作人员无法适用的漏洞。

第六十三条　违反本法规定，构成犯罪的，依法追究刑事责任；造成人身、财产损害的，依法承担民事责任。

【本条主旨】本条是本法刑事责任、民事责任的引致性

---

〔1〕《基本医疗卫生与健康促进法》第98条规定："违反本法规定，地方各级人民政府、县级以上人民政府卫生健康主管部门和其他有关部门，滥用职权、玩忽职守、徇私舞弊的，对直接负责的主管人员和其他直接责任人员依法给予处分。"

规范。

本条无法直接适用，应适用刑法、民法的相应规定，但需要注意的是：

第一，本条的法律责任主体不限于医师，而是指违反本法规定的任何人。

第二，刑事责任不能代替民事责任。对此，《民法典》第187条规定："民事主体因同一行为应当承担民事责任、行政责任和刑事责任的，承担行政责任或者刑事责任不影响承担民事责任；民事主体的财产不足以支付的，优先用于承担民事责任。"

第七章

附　则

【本章提要】

　　本章共4条，主要规定：①中等专业学校相关医学专业学历人员的过渡期；②授权国务院、中央军事委员会制定具体办法；③授权国务院卫生健康主管部门制定境外人员参加医师资格考试、申请注册、执业或者从事临床示教、临床研究、临床学术交流等活动的具体管理办法；④本法时间效力规范。

　　第六十四条　国家采取措施，鼓励具有中等专业学校医学专业学历的人员通过参加更高层次学历教育等方式，提高医学技术能力和水平。

　　在本法施行前以及在本法施行后一定期限内取得中等专业学校相关医学专业学历的人员，可以参加医师资格考试。具体办法由国务院卫生健康主管部门会同国务院教育、中医药等有关部门制定。

　　【本条主旨】本条是关于中等专业学校相关医学专业学历人员的过渡期的规定。

　　本法第9条和第10条在医师资格考试制度下将参加执业

助理医师资格考试的最低学历限定为"具有高等学校相关医学专业专科以上学历"。这涉及医学教育学制的调整、已经取得中等专业学校医学专业学历但尚未参加医师资格考试的人员，以及尚在接受中等专业学校医学专业学历教育但未毕业的人员的切身利益，还涉及偏远地区医师人力资源配置等问题。因此，本条第 2 款规定，在"本法施行前""在本法施行后一定期限内"取得中等专业学校相关医学专业学历的人员，可以参加医师资格考试，并授权国务院卫生健康主管部门会同国务院教育、中医药等有关部门制定具体办法。

而对于已经成为医师但仅具有中等专业学校医学专业学历的人员，本法要求国家采取措施，鼓励他们通过参加更高层次学历教育等方式，提高医学技术能力和水平。

第六十五条　中国人民解放军和中国人民武装警察部队执行本法的具体办法，由国务院、中央军事委员会依据本法制定。

【本条主旨】本条是对国务院、中央军事委员会的授权性规范。

本条沿用《执业医师法》第 46 条："军队医师执行本法的实施办法，由国务院、中央军事委员会依据本法的原则制定"的规定。《中国人民解放军实施〈中华人民共和国执业医师法〉办法》由国务院、中央军事委员会于 2000 年 9 月 14 日颁布实施。该办法第 22 条规定："中国人民武装警察部队的医师工作适用本办法。"新的执行办法应根据《医师法》及时修订。

第六十六条　境外人员参加医师资格考试、申请注册、执业或者从事临床示教、临床研究、临床学术交流等活动的具体

管理办法，由国务院卫生健康主管部门制定。

【本条主旨】本条授权国务院卫生健康主管部门制定境外人员参加医师资格考试、申请注册、执业或者从事临床示教、临床研究、临床学术交流等活动的具体管理办法。

《执业医师法》第 47 条规定："境外人员在中国境内申请医师考试、注册、执业或者从事临床示教、临床研究等活动的，按照国家有关规定办理。"但是，截至目前，有关部门尚未按照该法要求健全相关规定。

港澳地区人员在内地、台湾地区人员在大陆行医大致有以下三种途径：

一是短期行医。部门规章《香港、澳门特别行政区医师在内地短期行医管理规定》和《台湾地区医师在大陆短期行医管理规定》，自 2009 年 3 月 1 日起施行。该两部规章规定：香港、澳门特别行政区医师／台湾地区医师在内地／大陆短期行医，是指香港、澳门特别行政区医师／台湾地区医师应聘在内地／大陆医疗机构从事不超过三年的临床诊疗活动。

二是医师资格认定。《香港和澳门特别行政区医师获得内地医师资格认定管理办法》第 3 条规定："同时具备下列条件并符合《中华人民共和国执业医师法》及其有关规定的香港和澳门特别行政区永久性居民的中国公民，可申请内地医师资格认定：（一）2007 年 12 月 31 日前已取得香港和澳门特别行政区合法行医资格满 5 年的香港和澳门特别行政区永久性居民；（二）具有香港和澳门特别行政区专科医师资格证书；（三）在香港和澳门特别行政区医疗机构中执业。"《台湾地区医师获得大陆医师资格认定管理办法》第 3 条规定："同时具备下列条件并符合《中华人民共和国执业医师法》及其有关规定的台湾地区永久性居民，可申请大陆医师资格认定：（一）2007 年 12 月 31 日前已取得台湾地区合法行医资格满 5 年的台湾地区永久性居民；（二）具有台湾地区专科医师资格证书；（三）在台湾地区医疗机构中执业。"

三是参加医师资格考试。《卫生部、中医药局、公安部、国务院台办、国务院港澳办关于取得内地医学专业学历的台湾、香港、澳门居民申请参加国家医师资格考试有关问题的通知》（卫医发〔2001〕249 号）规定："……二、台湾、香港、澳门居民取得内地医学专业学历后，若申请参加国家医师资格考试，还应同时具备下列条件：（一）所学专业符合中国医师资格考试报名资格规定；（二）取得规定学历后，在内地的医疗机构内，在执业医师指导下接受参加医师资格考试所需的专业训练（以下称'实习'）满一年……"《台湾地区医师在大陆短期行医管理规定》第 20 条规定："取得大陆《医师资格证书》的台湾居民申请在大陆执业注册的，按照《医师执业注册暂行办法》执行。"《香港、澳门特别行政区医师在内地短期行医管理规定》第 20 条规定："取得内地《医师资格证书》的香港、澳门居民申请在内地执业注册的，按照《医师执业注册暂行办法》执行。"

根据《外国医师来华短期行医暂行管理办法》，[1]"外国医师来华短期行医"是指在外国取得合法行医权的外籍医师，

---

〔1〕 参见《外国医师来华短期行医暂行管理办法》（1992 年 10 月 7 日卫生部令第 24 号发布，根据 2003 年 11 月 28 日发布的《卫生部关于修改〈外国医师来华短期行医暂行管理办法〉第十八条的通知》第一次修正，根据 2016 年 1 月 19 日发布的《国家卫生计生委关于修改〈外国医师来华短期行医暂行管理办法〉等 8 件部门规章的决定》第二次修正）第 2 条至第 4 条。

应邀、应聘或申请来华从事不超过 1 年期限的临床诊断、治疗业务活动；外国医师来华短期行医必须经过注册，取得《外国医师短期行医许可证》；外国医师来华短期行医，必须有在华医疗机构作为邀请或聘用单位。邀请或聘用单位可以是一个或多个。

以上是境外人员参加医师资格考试、申请注册、执业的法律规范，但是对于境外人员从事临床示教、临床研究、临床学术交流等，目前尚无法律规范。本条授权由国务院卫生健康主管部门制定境外人员参加医师资格考试、申请注册、执业，以及从事临床示教、临床研究、临床学术交流等活动的具体管理办法，对于健全境外人员参加医师资格考试、执业注册和医学研究交流制度具有重要意义。

第六十七条　本法自 2022 年 3 月 1 日起施行。《中华人民共和国执业医师法》同时废止。

【本条主旨】本条规定的是本法的时间效力。

自 2022 年 3 月 1 日起，施行 22 年的《医师法》失效。此处需要提示的是：基于《执业医师法》制定的行政法规、部门规章，也应当相应适时修订。

关于修订《中华人民共和国执业医师法》的说明

——2021 年 1 月 20 日在第十三届全国人民代表大会常务
委员会第二十五次会议上

全国人大教育科学文化卫生委员会副主任委员　刘谦

全国人民代表大会常务委员会：

我受全国人大教育科学文化卫生委员会委托，就修订《中华人民共和国执业医师法》作说明。

一、修法的必要性和主要过程

党的十八大以来，以习近平同志为核心的党中央高度重视医师队伍建设。特别是党的十九届五中全会、中央全面依法治国工作会议和习近平总书记对加强公共卫生法治保障作出的一系列重要指示，对医师队伍建设、管理和保障等方面提出了新要求。同时，随着我国经济社会发展和医改不断深入推进，医师队伍建设与管理出现了许多新情况、新问题，执业医师法已不能很好地适应实际工作需要，主要表现为：一是医师执业管理有待加强；二是医师职责和权利义务需要进一步明确；三是医师教育培养制度不够健全；四是有些条文规定过于原则、操作性不强；五是实践中的一些好的经验和做法需要上升为法律。综上，有必要对执业医师法进行修改。

修改执业医师法是十三届全国人大常委会立法规划项目，由教科文卫委负责提请审议。2019年1月，教科文卫委会同国家卫生健康委等九部门共同成立了修法工作领导小组，组织开展调研，并召开三次会议研究修法工作。新冠肺炎疫情发生后，按照习近平总书记关于强化公共卫生法治保障的重要指示精神，落实全国人大常委会工作部署和栗战书委员长的指示要求，由艾力更·依明巴海、陈竺、蔡达峰三位副委员长牵头组织成立工作专班，多次召开专项工作会议，研究推进修法工作。在深入调研和听取梳理各方面意见建议的基础上，形成了《中华人民共和国医师法（草案）》，并经由教科文卫委第二十四次全体会议进行审议。

二、修法的基本原则

坚持以习近平新时代中国特色社会主义思想为指导，按照全国人大常委会的部署要求，在具体工作中主要把握了以下几点：一是把习近平总书记关于卫生健康和医师队伍建设的重要指示贯彻在法律修改之中；二是坚持人民至上、生命至上，努力为实施健康中国战略提供有效法律支撑和保障；三是坚持问题导向，强基层、补短板、堵漏洞，同时做好与相关法律的衔接；四是遵循医师培养成长规律，使医师队伍符合时代要求；五是体现尊重关爱医务工作者，强化保障机制，推动营造尊医重卫的良好氛围。

三、草案的主要内容

现行执业医师法共六章四十八条。草案共七章五十八条，新增"保障措施"一章作为第五章，并对现行法律作了较大幅度修改。

（一）保障医师合法权益及待遇

草案进一步明确医师享有的权利，包括在执业活动中，人格尊严、人身安全不受侵犯；获得符合国家规定标准的执业基本条件和职业防护装备；获取合理劳动报酬和津贴，享受国家规定的福利待遇，按照规定参加社会保险并享受相应待遇等。（第二十二条）

草案增加"保障措施"一章，从薪酬待遇、队伍建设、执业环境治理、职业防护、行业自律等方面作出规定。包括国家建立健全符合医疗卫生行业特点的人事、薪酬、职称、奖励制度，体现医师职业特点和技术劳动价值；政府应当维护医师执业环境，有效防范和依法打击涉医违法犯罪行为；医疗卫生机构应当为医务人员提供职业安全和卫生防护用品；新闻媒体报道医疗卫生事件应当做到真实、客观、公正等。（第五章）

（二）完善医师的职责和义务

草案规定，医师要遵循临床有关操作规范和医学伦理规范，并对患者进行健康指导；医师在医疗活动中发现有关情形应及时报告；医师进行医学研究和试验性临床医疗，应当符合国家有关规定并征得患者或者其近亲属明确同意。（第二十三、二十七、三十条）

关于"实习医生"的合法性问题。草案规定，尚未取得执业医师或者执业助理医师资格，在医疗卫生机构服务或者接

受规范化培训的医学毕业生和参加临床教学实践的医学生应当在执业医师监督指导下，参加临床诊疗活动。（第三十二条）

（三）完善医师考试注册管理制度

草案将医师分为临床、中医（含中西医结合）、口腔和公共卫生等四个类别（第二条）；将参加医师资格考试的最低学历由中专提升为大专（第九、十、五十五条）。

草案规定，医师注册的执业范围应与所在执业机构诊疗科目的设置相适应，医师经过培训和考核，可以增加执业范围，并补充医师有"严重违反医师职业道德、医学伦理的"等情形不予注册的规定。（第十三、十四条）

草案还对可不办理执业注册变更的情形和对港澳台地区的人员及外籍医师的执业管理加以明确。（第十六、二十、二十一条）

（四）完善医师教育培训和考核制度

关于医师教育培训制度，草案规定，国家制定医师培养规划，加强医教协同，完善医学院校教育、毕业后教育和继续医学教育体系。（第三十三条）

为了加强基层卫生队伍建设，草案规定，国家通过多种途径，加强以全科医生为重点的基层医疗卫生人才培养（第三十三条）；国家加强基层医疗卫生队伍和服务能力建设，建立县乡村上下贯通的职业发展机制，鼓励执业医师下基层，完善对乡村医生的相关待遇政策等（第四十二条）；政府应当采取措施，优先保障基层、贫困地区和少数民族地区的医务人员接受培训和继续医学教育（第三十五条）。

关于医师定期考核制度，草案规定，医师定期考核周期为三年。县级以上人民政府卫生健康主管部门负责指导、检查和

监督医师考核工作，对考核不合格的医师给予相应处理。（第三十七、三十八条）

（五）完善法律责任

草案明确了医师"以不正当手段取得医师资格证书或执业证书"、"严重违反医师职业道德、医学伦理"、发生紧急情况擅自离岗或不服从调遣、违规开展有关医疗技术临床应用、使用假劣药以及未履行报告义务等行为的法律后果（第四十八、四十九条），并对擅自以医疗机构名义行医或者非医师行医、扰乱医疗卫生秩序等违法行为进行处罚（第五十一、五十二条）。

草案还对部分条款及文字作了修改。

四、需要重点说明的问题

（一）将弘扬医师崇高职业精神等新理念入法

根据习近平总书记关于卫生健康工作的重要指示精神，草案明确本法宗旨是保护人民健康，规范医师执业行为，保障医师和公众的合法权益，推进健康中国建设（第一条），并规定，医师应当坚持人民至上、生命至上，弘扬"敬佑生命、救死扶伤、甘于奉献、大爱无疆"的崇高职业精神（第三条）；每年 8 月 19 日为中国医师节，是广大医务工作者的共同节日，各级政府推动全社会形成尊医重卫的良好氛围（第五条）。

（二）吸收新冠肺炎疫情防控经验入法

新冠肺炎疫情防控实践再次证明，党的领导和我国社会主义制度、国家治理体系具有强大生命力和显著优越性。草案积极总结吸收疫情防控的成功经验和做法。例如，草案规定，国

家建立适应现代化疾病预防控制体系的人才培养和使用机制
(第四十一条);遇有紧急情况以及国防动员需求时,医师应
当服从卫生健康主管部门的调遣 (第二十九条);医师发现传
染病、突发不明原因疾病和异常健康事件时有及时报告的义务
(第三十条);对在预防预警、救死扶伤等工作中表现突出的
医师给予表彰或者奖励 (第三十九条)。

(三) 修改法律名称

草案建议将法律名称由"执业医师法"改为"医师法"。
主要考虑:一是我国涉及职业类别的相关法律法规,如教师
法、法官法、律师法、护士条例等,都有严格的资格认证和执
业注册等管理制度,但在法律法规名称上都没有"执业"二
字的限定,更名有利于保持法律体系的协调统一。二是法律名
称修改为医师法,是听取采纳医疗卫生机构、一线医务人员和
有关行业组织的建议,也与中国医师节的内涵相一致。三是法
律名称的修改不涉及现行医师分类管理、资格考试、执业注册
考核等制度 (第二条、八条、十二条、三十七条),不影响对
医师执业行为的严格要求。

草案及上述说明是否妥当,请审议。

全国人民代表大会宪法和法律委员会
关于《中华人民共和国医师法（草案）》
修改情况的汇报

全国人民代表大会常务委员会：

常委会第二十五次会议对医师法草案进行了初次审议。会后，法制工作委员会将草案印发中央有关单位、各省（区、市）、部分设区的市、基层立法联系点、有关行业组织、医疗卫生机构和部分全国人大代表等征求意见；在中国人大网全文公布草案，征求社会公众意见。宪法和法律委员会、法制工作委员会到江苏、安徽调研，并就草案中的主要问题与有关部门交换意见，共同研究。宪法和法律委员会、教育科学文化卫生委员会和法制工作委员会联合召开座谈会，听取部分全国人大代表和有关部门、专家、医师等的意见。宪法和法律委员会于5月20日召开会议，根据常委会组成人员的审议意见和各方面的意见，对草案进行了逐条审议。教育科学文化卫生委员会、司法部、国家卫生健康委员会有关负责同志列席了会议。5月27日，宪法和法律委员会召开会议，再次进行了审议。

现将医师法草案主要问题的修改情况汇报如下：

一、有些常委会组成人员、部门、地方和行业协会提出，应当进一步明确并发挥医师协会等行业组织的作用。宪法和法律委员会经研究，建议作以下修改：一是在总则中明确医师协会等行业组织应当加强行业自律和医师执业规范，维护医师合法权益，协助卫生健康主管部门和其他有关部门开展相关工作。二是明确有关行业组织应当为医师接受继续医学教育提供服务和创造条件，加强继续医学教育的组织、管理。三是明确县级以上人民政府卫生健康主管部门可以委托行业组织对医师进行考核。

二、有些常委委员、地方提出，应积极稳妥推进医师多点执业，并进一步明确医师执业规则，加强执业规范。有的常委会组成人员建议进一步完善医师注册条件、信息发布等相关制度。宪法和法律委员会经研究，建议作以下修改：一是增加规定，执业医师在两个以上医疗卫生机构执业的，应当以其中一个医疗卫生机构为主，并按照国家有关规定办理变更注册、备案等手续。卫生健康主管部门、医疗卫生机构应当加强对相关医师的监督管理，规范其执业行为，保证医疗卫生服务质量。二是明确医师不得出具虚假医学证明文件，不得对患者实施过度医疗。三是明确法律、行政法规对医师从事特定范围执业活动的资质条件有规定的，从其规定。四是明确卫生健康主管部门应当将准予注册和注销注册的人员名单及时予以公告，并按照规定通过网站等提供医师注册信息查询服务。五是明确国家鼓励医师和其他医疗卫生人员积极参与公共场所急救服务。

三、有的常委委员提出，应当积极引导优质医疗资源向基层流动，推动更多更高水平执业医师为基层服务。宪法和法律委员会经研究，建议增加规定：执业医师晋升副高级技术职称后，在县级以下或者对口支援的医疗卫生机构提供医疗卫生服务，累计一年以上的，同等条件下优先晋升正高级技术职称。

四、有的常委委员、代表和部门提出，针对"伤医"、"医闹"等突出问题，应当进一步强化对医师执业安全的保障。宪法和法律委员会经研究，建议在总则中明确医师的人格尊严、人身安全不受侵犯，同时增加规定：禁止任何组织或者个人阻碍医师依法执业，干扰医师正常工作、生活；禁止通过侮辱、诽谤、威胁、殴打等方式，侵犯医师人格尊严、人身安全和人身自由。

五、有的常委委员、部门、地方和社会公众建议进一步完善法律责任规定。宪法和法律委员会经研究，建议作以下修改：一是明确以不正当手段取得医师资格证书或者医师执业证书的，三年内不受理其相应申请。二是明确违反医师职业道德、医学伦理规范，造成严重后果的，由省级以上人民政府卫生健康主管部门责令停止执业活动，吊销医师执业证书，并可以终身禁止从事医疗卫生服务。三是对医师在依法允许的医疗卫生机构外执业，或者超出注册的执业地点、执业类别、执业范围执业的违法行为，明确法律责任，加大处罚力度。

六、草案将参加医师资格考试的最低学历由中专提升为大专，并规定了过渡期，即本法施行之日起五年内，具有中等专业学校医学专业学历的人员可以参加医师资格考试。有的常委委员、部门、地方和社会公众提出，已经取得中专学历的人员参加考试可以不受五年期限的限制。宪法和法律委员会经研究，建议将有关规定修改为：在本法施行前以及在本法施行后五年内取得中等专业学校医学专业学历的人员，可以参加医师资格考试，具体办法由国务院卫生健康主管部门会同教育、中医药等有关部门制定。

七、草案对港澳台人员和外国人参加医师资格考试、注册、执业等分别作了规定。有的常委委员、部门提出，对境外人员相关活动的管理，本法可作原则规定。宪法和法律委员会经研究，建议将上述规定合并修改为：境外人员参加医师资格考试，申请注册、执业或者从事临床示教、临床研究、临床学术交流等活动的具体管理办法，由国务院卫生健康主管部门制定。

此外，还对草案作了一些文字修改。

草案二次审议稿已按上述意见作了修改，宪法和法律委员会建议提请本次常委会会议继续审议。

草案二次审议稿和以上汇报是否妥当，请审议。

全国人民代表大会宪法和法律委员会
2021 年 6 月 7 日

全国人民代表大会宪法和法律委员会
关于《中华人民共和国医师法（草案）》
审议结果的报告

全国人民代表大会常务委员会：

常委会第二十九次会议对医师法草案进行了二次审议。会后，法制工作委员会在中国人大网全文公布草案二次审议稿，征求社会公众意见，同时再次书面征求国务院有关部门意见，召开医疗机构座谈会和基层立法联系点视频座谈会，到山西调研，听取各有关方面意见，并就草案中的主要问题与有关部门交换意见，共同研究。宪法和法律委员会于 7 月 15 日召开会议，根据委员长会议精神、常委会组成人员的审议意见和各方面的意见，对草案进行了逐条审议。教育科学文化卫生委员会、司法部、国家卫生健康委员会有关负责同志列席了会议。7 月 28 日，宪法和法律委员会召开会议，再次进行了审议。宪法和法律委员会认为，为了保障医师合法权益，规范医师执业行为，加强医师队伍建设，保护人民健康，推进健康中国建设，对执业医师法进行修订是必要的，草案经过两次审议修改，已经比较成熟。同时，提出以下主要修改意见：

一、有的常委委员提出，医师晋升考核评价应当突出临床工作业绩，树立正确评价导向。宪法和法律委员会经研究，建议将有关规定修改为：国家建立健全医师医学专业技术职称设置、评定和岗位聘任制度，将职业道德、专业实践能力和工作业绩作为重要条件，科学设置有关评定、聘任标准。

二、有的常委委员提出，应当在医师执业活动中进一步促进中西医结合。有的部门、地方和社会公众提出，实践中有的医疗机构对中医医师在临床科室执业设置了限制，不利于促进中西医结合，建议对此予以规范。宪法和法律委员会经研究，建议增加以下规定：一是中医、中西医结合医师可以在医疗机构中的中医科、中西医结合科或者其他临床科室按照注册的执业类别、执业范围执业。二是经考试取得医师资格的中医医师按照国家有关规定，经培训和考核合格，在执业活动中可以采用与其专业相关的西医药技术方法。西医医师按照国家有关规定，经培训和考核合格，在执业活动中可以采用与其专业相关的中医药技术方法。三是国家采取措施，完善中医西医相互学习的教育制度，培养高层次中西医结合人才和能够提供中西医结合服务的全科医生。

三、有的常委委员提出，要采取切实有效措施，加强基层医师队伍建设。宪法和法律委员会经研究，建议作以下修改：一是增加规定，国家鼓励医师定期定点到县级以下医疗卫生机构，包括乡镇卫生院、村卫生室、社区卫生服务中心等，提供医疗卫生服务，主执业机构应当支持并提供便利。二是增加规定，县级以上人民政府卫生健康主管部门应当有计划地组织协调县级以上医疗卫生机构对乡镇卫生院、村卫生室、社区卫生服务中心等基层医疗卫生机构中的医疗卫生人员开展培训，提高其医学技术能力和水平。三是增加规定，国家在每年的医学专业招生计划和教育培训计划中，核定一定比例用于定向培养、委托培训，加强基层和艰苦边远地区医师队伍建设。有关部门、医疗卫生机构与接受定向培养、委托培训项目的人员签订协议，约定相关待遇、服务年限、违约责任等事项，有关人员应当履行协议约定的义务。县级以上人民政府有关部门应当采取措施，加强履约管理。协议各方违反约定的，应当承担违约责任。四是明确国家采取措施，统筹城乡资源，通过"县管乡用"、"乡聘村用"等方式，将乡村医疗卫生人员纳入县域医疗卫生人员管理。五是明确国家采取措施，进一步完善对乡村医生的服务收入多渠道补助机制和养老等政策。

　　四、有的常委会组成人员、地方提出，为了鼓励医师积极参与公共场所的救治活动，应当对参与救治的医师予以免责。宪法和法律委员会经研究，建议根据民法典有关规定，明确医师在公共场所因自愿实施急救造成受助人损害的，不承担民事责任。

　　五、有的常委会组成人员建议进一步加强紧缺专业医师培养，完善医师培训和考核制度。宪法和法律委员会经研究，建议作以下修改：一是明确国家加强全科、儿科、精神科、老年医学等紧缺专业人才培养。二是增加规定，国家建立公共卫生与临床医学相结合的人才培养机制，通过多种途径对临床医师进行疾病预防控制、突发公共卫生事件应对等方面业务培训，对公共卫生医师进行临床医学业务培训，加强医防结合和中西医协同防治。三是完善定期考核，对具有较长年限执业经历、无不良行为记录的医师，可以简化考核程序。

六、有的常委委员、地方提出，应当进一步体现对医师的关心爱护，充实完善医师休息休假、医疗风险分担机制等规定。宪法和法律委员会经研究，建议作以下修改：一是增加规定，医疗卫生机构应当为医师合理安排工作时间，落实带薪休假制度，定期开展健康检查。二是明确医疗机构应当参加医疗责任保险或者建立、参加医疗风险基金。

七、有的常委委员提出，应当进一步加强医疗卫生机构对医师的管理，规范医师执业行为。宪法和法律委员会经研究，建议作以下修改：一是增加规定，有关行业组织、医疗卫生机构、医学院校应当加强对医师的医德医风教育。医疗卫生机构应当建立健全医师岗位责任、内部监督、投诉处理等制度，加强对医师的管理。二是明确违反医师资格考试纪律，伪造、变造、买卖、出租、出借医师执业证书等的法律责任，加大对有关违法行为的处罚力度。

此外，还对草案二次审议稿作了一些文字修改。

7月26日，法制工作委员会召开会议，邀请部分全国人大代表、医师、专家、地方有关部门、行业协会等就草案中主要制度规范的可行性、出台时机、实施的社会效果和可能出现的问题等进行评估。与会人员普遍认为，草案贯彻落实习近平总书记关于卫生健康和医师队伍建设的重要指示精神，以保护人民健康为宗旨，以强基层为重点，坚持医防结合、中西医并重，全面保障医师合法权益，充分体现对医师的关心关爱，对加强医师队伍建设、在全社会营造尊医重卫的良好氛围具有重要意义。草案经过修改，充分吸收了各方面意见，已经比较成熟，在当前形势下出台正当其时，建议尽快审议通过。与会人员还对草案提出了一些具体修改意见，宪法和法律委员会进行了认真研究，对有的意见予以采纳。

　　草案三次审议稿已按上述意见作了修改，宪法和法律委员会建议提请本次常委会会议审议通过。

　　草案三次审议稿和以上报告是否妥当，请审议。

全国人民代表大会宪法和法律委员会

2021 年 8 月 17 日

全国人民代表大会宪法和法律委员会
关于《中华人民共和国医师法（草案三次审议稿）》
修改意见的报告

全国人民代表大会常务委员会：

本次常委会会议于 8 月 17 日下午对医师法草案三次审议稿进行了分组审议。普遍认为，草案已经比较成熟，建议进一步修改后，提请本次常委会会议表决通过。同时，有些常委会组成人员还提出了一些修改意见和建议。宪法和法律委员会于 8 月 18 日上午召开会议，逐条研究了常委会组成人员的审议意见，对草案进行了审议。教育科学文化卫生委员会有关负责同志列席了会议。法制工作委员会就草案修改与司法部、国家卫生健康委员会等部门进行了沟通，共同研究。宪法和法律委员会认为，草案是可行的，同时，提出以下修改意见：

一、草案三次审议稿第十六条第二款、第十七条第二款中规定，对不予注册和注销注册的，可以依法申请行政复议或者提起行政诉讼。有的常委委员提出，行政复议法和行政诉讼法已经对可以申请行政复议、提起行政诉讼的范围作了明确规定，涵盖了行政许可、行政处罚等行政行为，有关当事人可以依法申请复议、提起诉讼，本法可不再规定，避免挂一漏万。宪法和法律委员会经研究，建议采纳这一意见。

二、有些常委会组成人员提出，新冠肺炎疫情防控中医院内交叉感染的问题时有发生，法律应当对加强院内感染防控提出要求。宪法和法律委员会经研究，建议增加规定：医疗机构应当建立健全管理制度，严格执行院内感染防控措施。

经与有关部门研究，建议将本法的施行时间确定为 2022 年 3 月 1 日。

此外，根据常委会组成人员的审议意见，还对草案三次审议稿作了一些文字修改。

草案修改稿已按上述意见作了修改，宪法和法律委员会建议本次常委会会议审议通过。

草案修改稿和以上报告是否妥当，请审议。

全国人民代表大会宪法和法律委员会

2021 年 8 月 19 日